"学テ算数=難関問題"の解き方指導

―教科書リンクで学力UPヒント

赤塚邦彦 著
(北海道 小学校教諭)

学芸みらい社
GAKUGEI MIRAISHA

まえがき

　全国学力・学習状況調査（以下学テ）が始まって12年になる。
　私はこの12年間で3回6年生を担任した。
　初めての学テ。平成19年だ。この年は、6年担任ではなかったが、初めての学テということでかなりの興味があり、子どもと同じように問題を解いてみた。**「難しい！　どうやって書けばいいの？」**これが感想である。
　平成20年。6年担任になる。学テは避けては通れない道である。事前に雑誌の特集などにあった予想問題や過去問に似た問題などを与えて、当日を迎えた。
　学級の結果は、悪くはなかったが、手応えは全くなかった。
　ある子どもの一言が忘れられない。
「こんな難しい問題、学校でもやったことのないような問題、できないよ」
「何となくわかるんだけど、長い文章で書き表せない」
　学テ算数B問題後の子どもたちの感想である。また、テスト中もどんよりとした雰囲気であった。
　大人である私の感想、受け持った子どもたちの感想は、ほぼ同じである。

> どうやって答えを書けばいいのかわからない。

　当時は、本当にどのように解けばいいのか皆目見当もつかなかった。
　その後、5年間6年担任になることはなかった。しかし、研究部を担当することが多かったこと、また、過去の子どもたちの感想がどこか頭に残っていたのだろう。毎年、4月に問題をダウンロードし、自分で解くことは行った。しかし、どことなく「自分には関係ないかな」という

気持ちがあった。(私はこのことは大変問題であると感じている。6年担任、研究、教務担当、管理職でなければ学テに対して、興味を持たないばかりか無関心なのだ。学テは6年担任だけ、その前学年の5年担任だけが関係するのではない。学テは、教師の授業改善を狙ったものであるから、全教員が問題を実際に解き、分析する必要があるのだ。かくいう私も以前は無関心な教師であったのだが、自戒を込めて)

　平成26年再び6年担任になる。
　手応えを感じなかった。算数B問題後の子どもの感想である。
「どうやって書けばいいか悩んだ」
　私は、6年前の出来事を生かすことができなかったのだ。

| どうやって答えを書けばいいのかわからない。 |

　これは、「解き方」「書き方」「答え方」の指導がなされていなかったのだ。
　これを機に学テ算数B問題について研究を始めた。

　次年度も6年担任となった。答えの「書き方」は教えた。その成果も少しはあったのか、以前よりは手応えを感じた。
　しかし、次の状況は7年前と何ら変わらなかった。

| 算数の苦手な子、算数のできない子は、できないまま |

　優秀な子、得意な子は、ある程度教えたり、似た問題を解かせたりすればコツを摑み、解けるようになった。
　しかし、できない子はそのままだ。私の意識はこの頃から

| 苦手な子ができる問題はないのか |

というものに変わっていった。
　以上のような経緯から生まれたのが、本書で紹介する「例示問題指導法」である。
　「例示問題指導法」とは、

> ①問題文にやり方、解き方が掲載されている
> ②その解き方と同じように答えを書く
> ③最後に問題に合わせて数字や言葉を変える

方法である。
　答えがほとんど問題文に掲載されているのである。
　その解き方を見つけることさえできれば、あとは問題に合わせて数字や言葉を変えるだけ。
　そう、苦手な子にも解ける方法なのだ。
　このような「例示問題」が過去12年間で142問の小問のうち31問も出題されている。2割である。
　この2割が苦手な子にも解ける方法を取っ掛かりにして、学テ算数問題への苦手意識を減らしていきたい。
　また、この「例示問題指導法」は、過去問を解くときだけに使うのではない。日々の教科書を使った算数授業でも活用できる方法である。
　算数教科書の構造、表記、問題を洗い出した。特別な指導を何時間もするのではなく、日々の授業の中で、学テ算数問題を解く力をつけさせるのだ。

　一人でも多くの人が、本書を活用することで、算数の苦手な子も得意な子も「解き方がわかった」「やり方がわかれば学テって簡単だね」という「子どもの事実」を手に入れていただきたいと切に願っている。

　平成30年8月31日　　　　　　　　　　　　　　　赤塚　邦彦

もくじ

まえがき ………… 2

序　学テ算数難関問題と年間計画の立て方

1. 何時間も扱うことはできない ……………………………… 9
2. どこで扱うのか？　日常の授業しかない ………………… 9
3. 「指示あり」型はあまり教科書には書かれていない ……… 10

I　学テ算数難関問題は、どんなタイプに分類できるか

1. 【読み取り問題】を図化すると？ ……………………………… 13
2. 【知識問題】を図化すると？ …………………………………… 14
3. 【代入問題】を図化すると？ …………………………………… 15
4. 【例示問題】を図化すると？ …………………………………… 16

II　算数の知識が少なくても解ける「例示問題」！

1. 問題文にやり方が書かれている「例示問題」……………… 17
2. 「例示問題」には2種類ある ………………………………… 18
3. 指示あり17問には4つのタイプがある …………………… 23
   ①「式、数字、記号、言葉を変える」型
   ②「図を見てかく」型

もくじ　5

③「例示の文から推測して続きを書く」型
④「代入する」型
4 指示なし14問には3つのタイプがある·· 24
①「式、数字、記号、言葉を変える」型
②「解き方をまねる」型
③「図をかく」型

III 3つの作業「囲む」「写す」「結ぶ」で「指示あり型」例示問題は解ける！

☆3つの作業、7つのステップで授業化する
- **0** 読む ··· 27
- **1**【花子さんの説明】をもとに を囲む ··· 29
- **2**【花子さんの説明】 を囲む ··· 30
- **3**【花子さんの説明】内の式、数字、記号 を囲む ··································· 32
- **4** 問題文の式、数字、記号 を囲む ··· 35
- **5**【花子さんの説明】内の式、数字、記号以外 を写す ···························· 36
- **6 3**の式、数字、記号と図や言葉 を結ぶ ·· 40
- **7 4**の式、数字、記号と図や言葉 を結ぶ ·· 44

IV 「指示なし型」例示問題も 3つの作業「囲む」「写す」「結ぶ」で解ける！

☆「囲む」「写す」「結ぶ」の3つの作業を授業化する
〈問題〉同じ長さのストローを使って正三角形を作ります
〈問題〉同じ長さのストローを使って正方形を作ります
- **0** 読む ··· 49

1 (1)前の「式、数字、記号」を囲む ……………………………………… 51
2 問題文下の「式、数字、記号」を囲む ………………………………… 53
3 **1**の式、数字、記号以外を写す ………………………………………… 54
4 表と図を結ぶ ……………………………………………………………… 56

Ⅴ 教科書の基本構造はこうなっている

1 教科書の基本構造―例題 → 類題 → 練習問題 ………………………… 61
2 教科書の構造を教えることで、「指示なし」例示問題に対応する … 62
　①例題 → 練習問題
　②前時の解き方 → 本時の解き方
　③前小単元（節）の流れ → 本小単元（節）の流れ
　④前単元の流れ → 本単元の流れ
　⑤単元末のまとめ活用
　⑥教科書の問題表記
　⑦「指示なし」例示問題
　　1)小4「がい数」
　　2)小4「小数のかけ算」
　　3)小5「小数のかけ算」
3 この単元で「指示あり」例示問題をそのまま活用できる！…… 74
　①小2「たし算とひき算」
　〈問題〉「たし算とひき算」の応用・活用問題
　②小2「かけ算」
　〈問題〉「かけ算」の応用・活用問題
　③小3「かけ算のきまり」
　〈問題〉かけ算のきまりをいろいろな形で式に表す授業場面
　④小3「わり算」
　〈問題〉「わり算」の応用・活用問題
　⑤小4「式と計算」
　〈問題〉「式と計算」の例示問題

⑥小4「面積」
〈問題〉補助線を入れ形を分け、面積を求める授業場面
⑦小4「立方体」
〈問題〉立方体の辺の長さを求める授業場面
⑧小5「小数のかけ算」
〈問題〉かけ算の筆算の前段階の部分
⑨小5「小数のかけ算」
〈問題〉かけ算の筆算の前段階の部分
⑩小5「分数のかけ算」
〈問題〉分数に整数をかける計算の説明をする授業場面
⑪小5「式と計算」
〈問題〉規則的に置かれたものの個数を式で表す授業場面
⑫小5「式と計算」
〈問題〉規則的に置かれたものの個数を式で表す授業場面
⑬小5「比」
〈問題〉直方体の高さと体積の関係を調べる授業場面
⑭小5「平均」
〈問題〉「仮平均」を扱う場面
⑮小5「図形の面積」
〈問題〉三角形の面積を長方形を使って求める授業場面
⑯小6「対称な図形」
〈問題〉四角形について、線対称か点対称かを調べる授業場面
⑰小6「文字と式」
〈問題〉文字と式に表されている場面を選ぶ授業
⑱小6「円の面積」
〈問題〉 円の面積の応用問題

あとがき ……… 121

序 学テ算数難関問題と年間計画の立て方

　本書では、これから第Ⅲ章、第Ⅳ章で「指示あり」例示問題、「指示なし」例示問題の指導法を紹介する。
　これらの指導は、各15〜20分程度で行うことができる。
　その後、過去問等を使い、類題で練習すると定着率もアップする。
　ところで、勤務している学校の教育課程には、このような「学テ算数難関対策」の時間が組み込まれているだろうか。
　私が勤務した学校では、教育課程上には組み込まれていなかった。
　授業時間外の朝学習の時間などに過去問を解かせたり、都道府県から出されているチャレンジテストなどを使ったりしていた。

1 何時間も扱うことはできない

　教育課程に組み込まれているのが理想的だが、それでも10時間も20時間も時間が取れるわけではない。
　また、朝学習や放課後の時間なども限られている。算数の対策ばかりやれるわけでもない。
　第Ⅲ章、第Ⅳ章で紹介する「指示あり」例示問題指導法、「指示なし」例示問題指導法だけを何時間も行うことはできないのだ。

2 どこで扱うのか？　日常の授業しかない

　では、どこでこの指導法を活用すればよいのか。
　一番に考えられるのは、日常の算数の授業である。
　年間175時間の授業時数がある。その時間内で行うことで無理なく指導できる。日常の授業で力をつけていくのだ。
　では、その175時間でたくさんの時間をかけ、第Ⅲ章、第Ⅳ章の「指示あり」例示問題指導法、「指示なし」例示問題指導法を行うのか。
　それは違う。

「指示あり」例示問題指導法、「指示なし」例示問題指導法は、多くて年間5時間も行えばよい。

では、どうやって力をつけるのか。

> 教科書活用の授業

である。

第Ⅲ章、第Ⅳ章の「指示あり」例示問題指導法、「指示なし」例示問題指導法で紹介する。

> 「囲む」「写す」「結ぶ」

を取り入れることで、学テ算数B問題の2割分の学習につながるのだ。

❸ 「指示あり」型はあまり教科書には書かれていない

現行の教科書会社全6社分の1～6年生の教科書から「指示あり」型に関わる問題がどれくらいあるか調べた。

> 19問

であった。

6社の1～6年すべての算数教科書で19問である。

あまり多いとは言えない数字だ。

だから、子どもたちは「例示問題」に慣れていないということも言える。

また、この19問の中で、学テ算数B問題の「指示あり」例示問題のような2ページにわたるような長い問題は

> 1問

であった。

　教科書を活用した学習だけでは、すぐに学テ算数B問題の「指示あり」例示問題が解けないのだ。

　では、この19問から何を学ばせるのか。

　一言で言うと、

「囲む」「写す」「結ぶ」

のやり方を学ばせるのだ。

　この3つの作業を日常の教科書を活用した授業で行うことで、子どもたちに作業する技能を身につけさせるのである。

　詳しい指導については第Ⅴ章で紹介する。

Ⅰ 学テ算数難関問題は、どんなタイプに分類できるか

　学テ算数B問題だが、ただ闇雲に活用型の問題が出題されているわけではない。出題には、様々な意図が隠されている。その問題の分類である。

　問題の分類には様々な方法がある。

　どんな「ものさし」をもとにするかで変わってくる。

　例えば、問題の解答形式という「ものさし」で分類すると、

A　短く書く問題（式、答え、図をかく）
B　長く書く問題（言葉や式を使って書く）
C　選択肢から選ぶ問題（番号、記号を書く）

という３つになる。

　例えば、PISA型という「ものさし」で分類すると、

A　連続型テキストで問われ、連続型テキストで答える問題
B　連続型テキストで問われ、非連続型テキストで答える問題
C　非連続型テキストで問われ、連続型テキストで答える問題
D　非連続型テキストで問われ、非連続型テキストで答える問題

と４つになる。

　例えば、問題の組み立てという「ものさし」で分類すると、

A　教科書レベルの問題
B　教科書レベルの問題を２つ以上組み合わせた問題
C　教科書レベルの問題と切り口を変えた問題

と3つに分けられる。

本書は、日常の授業改善がテーマである。

授業改善という視点で、学テ算数B問題を見ていくと、「問題の解法」という「ものさし」で分類した。以下の4つである。

読み取り問題
知識問題
代入問題
例示問題

これらについてどのような問題なのか図化すると以下のようになる。(❶～❹の教材は、平成28年の問題を参考に著者がリライトしたものである。)

❶【読み取り問題】を図化すると

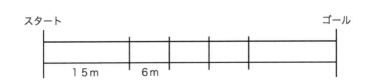

（1）スタート地点から1台目までのハードルまで15mで、ハードルとハードルの間が6mです。

スタート地点に、巻尺の「0m」を合わせると、4台目のハードルを置くのは、巻尺の何mのところになりますか。

問題文にグラフや図が掲載されていることがある。

このグラフや図を読み取り、そのまま答えを書いたり、読み取ったうえで考えられることを書いたりする問題である。

12年間の142問の小問中88問の出題と圧倒的に多いタイプの問題だ。

2【知識問題】を図化すると？

表1　回数と進んだ距離

回数	進んだ距離
1	277cm
2	291cm
3	84cm
4	273cm
5	295cm

（1）3回目の記録を除いて、4回分の記録を使って進んだ距離の平均が何cmになるか求めます。下の1から4までの中の、どの式で求めることができますか。1つ選んで、その番号を書きましょう。

1　(277+291+273+295)÷4
2　(274+291+273+295)÷5
3　(277+291+84+273+295)÷4
4　(277+291+84+273+295)÷5

例えば、問題文に4つの数値が掲載されているとする。その4つの数値の平均を求めなさいというような、平均の知識がなければ解けないタイプの問題である。

過去に16問の出題である。B問題は活用がメインであるが、知識を問う問題も存在するのだ。

3 【代入問題】を図化すると？

```
５０mハードル走の目標タイムを求める式
５０m走のタイム＋０．４（秒）×ハードルの数＝目標タイム
```

（１）花子さんは、５０m走のタイムが９．０秒でした。ハードルの数が
　　４台の時、花子さんの目標タイムは何秒になりますか。
　　求める式と目標タイムを書きましょう。

　言葉の式が問題文に掲載されている。例えば、三角形の面積＝底辺×高さ÷２と書いていたとする。底辺の長さが4cm、高さが3cmのときの三角形の面積を求めなさい、というような問題のことだ。
　2の知識問題は、知識がなければ解けないことが多いが、この代入問題は特別な知識がなくても解ける問題と言える。
　過去７問の出題である。あまり多くはないが、時折出される傾向にある。

4【例示問題】を図化すると？

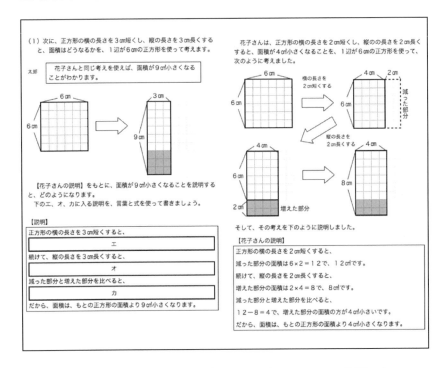

　本書のテーマの問題だ。答えが問題文に書かれている問題である。
　そのまま写すだけではないが、算数の特別な知識がなくても解くことが可能なものだ。このような問題が31問出されている。過去問の2割である。
　問題文から答えを探す癖をつけるだけで算数B問題が解けるようになるのだ。算数の苦手な子にも取り掛かりやすいのがこの4つ目の例示問題である。

II 算数の知識が少なくても解ける「例示問題」！

1 問題文にやり方が書かれている「例示問題」

　学テ算数B問題は、1問1問が長い。小問1問が2ページにわたって書かれていることもある。
　しかし、設問の問題文自体は3行程度である。
　では、なぜ問題文が長いのか。

> 問題文にやり方、解き方が掲載されている。

　次々ページから学テ算数B問題を参考にして、私がリライトした問題を掲載している。
　2ページ目の一番上に設問の問題文が書かれている。
　1行だ。
　図があり、その下3行に書かれているのが、子どもたちに解かせたい内容である。
　では、1ページ目には何が書かれているのか。

> 問題を解くための例示
> 問題を解くための先行条件（内部情報）

が書かれているのである。
　この例示部分をトレースすることで、問題を解くことができるのだ。
　先行条件を「見つけ」、「活用」して、問題を解くことが主たる目的なので、【算数の知識が少なくても解くことができる】と言っても過言ではない。

2 「例示問題」には2種類ある

　問題文自体に問題を解くための例示が掲載されている問題の存在がわかった。平成19年度から平成30年度の12年分の小問142問中31問が「例示問題」なのだが、この31問も大きくくくると2種類に分類できる。
　次ページ以降に掲載している。

【「指示あり」例示問題】
【「指示なし」例示問題】

である。
　この2種類の例示問題の大きな違いは何か。

　「問題文の例示を使って」という指示が問題文に明記されているかいないか

この違いである。
　次ページ【「指示あり」例示問題】を見てもらいたい。
　2ページ目の中段に【花子さんの説明】をもとに、と書かれている。
　問題文にある「例示」「先行条件」を使いなさいと指示してくれているのだ。
　【「指示なし」例示問題】の方はどうか。
　【「指示あり」例示問題】の時のように、「例示」「先行条件」を使いなさいという直接の指示はない。しかし、よく見ると、(1)の設問の問題文の前にはしっかりと例示が書かれているのだ。

　本書では、「指示あり」「指示なし」例示問題の中でも、過去、一番出題されている【例示問題の「式、数字、記号」を変える】タイプの問題に焦点を絞り、その指導法を提案する。

【「指示あり」例示問題】1ページ目

図のような50mの道があります。道の出発点から始めて、その片側に10mおきに木を植えていきます。

道の終点にも植えると、全部で何本の木が必要でしょうか。

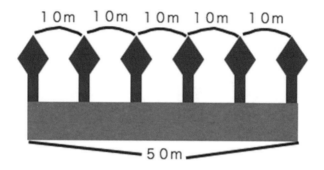

この問題を解くために、花子さんは次のような説明をしました。

【花子さんの説明】

木と木の間がいくつあるか求めると、

50÷10＝5で、5つです。

それぞれの間の前には木が1本くっついています。

だから、木は、木と木の間の数と同じ数の5本必要です。

さらに、道の終点の木が1本必要なので、

5＋1＝6で、6本必要です。

（この教材は、著者が過去問題を参考に作成したものである）

【「指示あり」例示問題】2ページ目

(1) 太郎くんは、もっと長い道でも調べて見たくなりました。

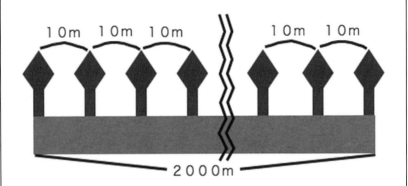

【花子さんの説明】をもとに、2000mの道に10mおきに木を植えると、何本の木が必要か、下のア、イ、ウに入る説明を、言葉と式を使って書きましょう。

木と木の間がいくつあるか求めると、

ア

それぞれの間の前には木が1本くっついています。

イ

さらに、道の終点の木が1本必要なので、

ウ

(この教材は、著者が過去問題を参考に作成したものである)

【「指示なし」例示問題】1ページ目

同じ長さのストローを使って、正三角形を作ります。

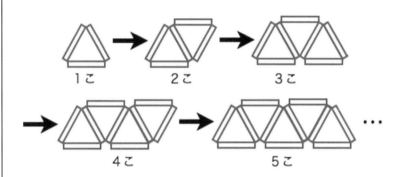

正三角形の数が1こずつ増えると、ストローの本数は何本ずつ増えるか、表にして考えました。

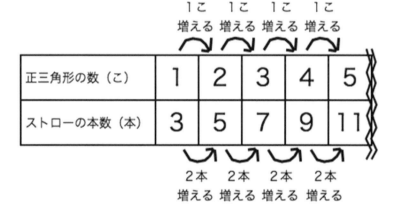

表から、正三角形の数が1こずつ増えると、ストローの本数は2本ずつ増えるとわかりました。

(この教材は、著者が過去問題を参考に作成したものである)

【「指示なし」例示問題】2ページ目

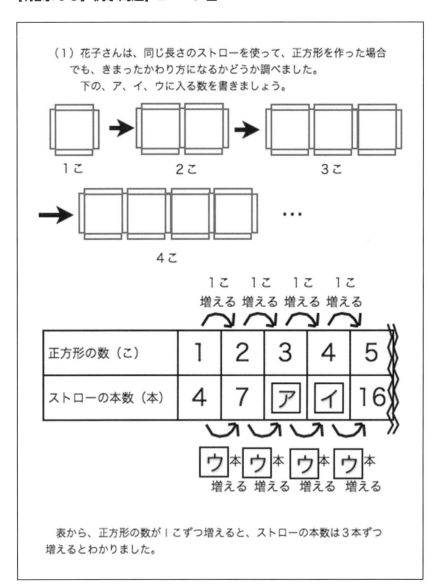

（この教材は、著者が過去問題を参考に作成したものである）

3 指示あり17問には4つのタイプがある

過去に出された「指示あり」例示問題は17問ある。

この17問は4つのタイプがある。

① 「式、数字、記号、言葉を変える」 型

このタイプが一番多く、過去に12問出題されている。その名のとおり、与えられている例示の「式、数字、記号、そして言葉」を少し変えるタイプの問題である。

- 平成30年度　4(1)
- 　　　　　　4(2)
- 平成29年度　3(2)
- 平成28年度　1(2)
- 平成26年度　1(2)
- 平成25年度　3(2)
- 　　　　　　5(2)
- 平成23年度　5(2)
- 平成22年度　4
- 平成21年度　1(3)
- 平成20年度　4(2)
- 平成19年度　2

② 「図を見て書く」 型

過去に2問出題されている。例示を見て、同じように問題を解くのだが、式や数字、記号、言葉を書くのではなく、図にして表すタイプの問題だ。

- 平成29年度　1(2)
- 平成26年度　5(1)

③ 「例示の文から推測して続きを書く」 型

過去に2回出題されている。ここ最近の年度から出題されるようになってきたタイプの問題で、①の「式、数字、記号、言葉を変える」 型に似ている。例示を少し変えるのだが、書かれている例示の続きに答え

を書くタイプの問題である。

・平成30年度　⑤(1)
・平成29年度　③(2)

④「代入する」型

　過去に一度しか出題されていない。例示のように解くのだが、与えられた言葉の式に数字を当てはめて、計算するタイプの問題だ。

・平成25年度　④(3)

4 指示なし14問には3つのタイプがある

　過去に「指示なし」例示問題は14問出題された。
　3タイプに分けられる。

①「式、数字、記号、言葉を変える」型

　このタイプが最も多く、過去に12問出題されている。例示の「式、数字、記号、そして言葉」を少し変えるタイプである。

・平成30年度　①(2)
　　　　　　　②(2)
・平成29年度　①(1)
　　　　　　　④(1)
・平成28年度　①(1)
・平成27年度　②(3)
　　　　　　　④(1)
　　　　　　　④(2)
　　　　　　　④(3)
・平成24年度　③(2)
・平成23年度　②(2)
・平成21年度　②(2)

②「解き方をまねる」型

　過去に一度しか出題されていないタイプである。式や数字、言葉を変えるのではなく、解き方自体をまねさせる問題である。

・平成29年度　2(2)

③「図をかく」型

　このタイプも過去に一度出題されている。例示の問題のようにして、図をかかせるタイプだ。

・平成21年度　4(1)

　「指示あり」「指示なし」例示問題ともに【式、数字、記号、言葉を変える　型】が圧倒的に多い。

　そこで、第Ⅲ章、第Ⅳ章では、この「指示あり」「指示なし」例示問題の中でも【式、数字、記号、言葉を変える　型】に絞り、教室ですぐに授業できる型を提示する。

　15〜20分程度で授業を行うことができるはずだ。

　型を使っての授業の後に、上記に示した学テ算数B過去問を解かせる。やり方が同じなので、サクサクと解くことができるだろう。

　4月の学力テスト直前にひたすら過去問を解くことをせずとも、無理なく解き方を学ばせることができるだろう。

III 3つの作業「囲む」「写す」「結ぶ」で「指示あり型」例示問題は解ける！

過去に17問出題された「指示あり型」の例示問題の中で、最も出題数の多い12問「式、数字、記号、言葉を変えるタイプ」は、以下の3つの作業、7つのステップで解くことができる。

1	【○○の説明】をもとに	を囲む…1
2	【○○の説明】	を囲む…2
3	【○○の説明】内の式、数字、記号	を囲む…3
4	問題文の式、数字、記号	を囲む…4
5	【○○の説明】内の式、数字、記号以外	を写す
6	**3**の式、数字、記号と図や言葉	を結ぶ…1
7	**4**の式、数字、記号と図や言葉	を結ぶ…2

これら3つの作業、7つのステップを以下の教材を使って、授業化する。

〈左ページ〉　　〈右ページ〉

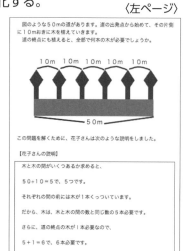
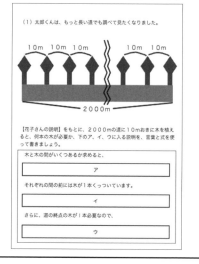

0 読む

【所要時間1～2分】

　学力Bテストの特徴の1つとして、問題文が長いことが挙げられる。読む耐性を日頃の授業でつけておくことも重要である。

　いつも教師の範読だけで終わらせるのではなく、子どもたちにも声を出させることが大事だ。

　さて、上記の資料を授業する時に、注目してほしいところがある。

右ページ上
　（1）太郎くんは、もっと長い道でも調べて見たくなりました。

　これ以前は、(1)の問題を解くための先行条件（内部情報）が書かれているのだ。つまり、「例示問題」でいえば、この先行条件に答えが書かれていることになる。

説明1　これから長い文章の算数問題を解く学習をします。
　　　　長い問題を解くためには、まずは声に出して読むことが大事です。

指示1　先生の後について読みます。

　左ページの上3行「図のような50mの道があります。道の出発点から始めて、その片側に10mおきに木を植えていきます。道の終点にも植えると、全部で何本の木が必要でしょうか。」を追い読みさせる。

発問1　今読んだことが図にかかれています。どこですか。
　　　　指でおさえなさい。

> 説明2　50mの道路があります。指でおさえます。
> 　　　　一番左。木があります。
> 　　　　10m進んで、同じく木があります。
> 　　　　ずっと10mおきにあるのですね。

ここでは図の細かい解説はしない。さらっと状況説明をするに留める。

> 発問2　今図で見たことを説明の文章にしました。どこですか。
> 　　　　指でおさえなさい。

【花子さんの説明】である。
この「指示あり問題」で最重要箇所の1つである。

> 指示2　大事なところです。先生の後について読みなさい。

1行ずつ読む。
　ここまでを深く扱うと、特に勉強の苦手な子は嫌になってしまう。さらっと進める方がよい。ポイントは説明しないことだ。説明するとごちゃごちゃになる。

> 説明3　右ページ上。(1)
> 　　　　この問題で何をしなければならないか書かれているところです。
> 　　　　とても大事な文章です。

> 指示3　先生の後について読みます。

> 発問3　このことが図でかかれています。どこですか。
> 　　　　指でおさえなさい。

　ここも道路の長さがのびたことをさらっと扱う程度で、それ以上説明しないことがポイントだ。

> 指示4　図の下3行に指を置きます。
> 　　　　先生の後について読みます。

　この3行が「指示あり問題」の最初の重要パーツにつながる部分である。

> 【読む のポイント】
> 　深く説明しない。詳しい説明は余計な混乱を招く。

◼ 【花子さんの説明】をもとに　を囲む

【所要時間1〜2分】
　「【花子さんの説明】をもとに、」。
　「指示あり」例示問題には必ず書かれているキーワードである。
　このキーワードがあれば、問題文の前の先行条件に必ず答えの「例示」があることを指している。
　このキーワードを際立たせる必要がある。

> 指示1　今読んだ3行の文の中に【花子さんの説明】をもとに、
> 　　　　と書かれているところがあります。
> 　　　　先生と同じように赤で囲みなさい。

> 【花子さんの説明】をもとに、2000mの道に10mおきに木を植えると、何本の木が必要か、下のア、イ、ウに入る説明を、言葉と式を使って書きましょう。

最初の具体的な作業なので、ここは丁寧にチェックする。
教師は、拡大コピーかプロジェクターに同じものを映し、例示する。その後、子どもにも作業させる。

> 指示2　赤で囲めたら、持っていらっしゃい。

慣れてきたら、この指示はいらない。しかし、最初が肝心である。チェックすることを強くお勧めする。

> 【囲む1のポイント】
> 　赤で囲ませる。最初の作業なので、教師のチェックが重要。

❷【花子さんの説明】を囲む
【所要時間1～2分】
　❶で囲んだ「【花子さんの説明】をもとに、」から離れたところに書かれている。最初に読ませたことがここで役に立つはずだ。

> 発問1　今、赤で囲んだ【花子さんの説明】と書かれたところが他にもまだあります。これはとっても簡単です。なぜですか。問題文に書かれているからですね。どこですか。探してごらんなさい。

少し長めの発問だが、ここはどうしても削れないところだ。
これは「とっても簡単」と規定している。そして、間髪を入れずに問

うている。向山型算数を実践している学級では、すぐに「問題文（教科書）に書いてあるからです」と返ってくるところである。実践していない学級も当然ある。そのようなときには待たないで教師が「問題文に書かれているから」と答えを言う。長文だけれども、答えは問題文のどこかに書かれているということを告げ、子どもたちに「簡単である」（少なくとも「難しくはない」）というメッセージを送るのである。

「先生と問題を読む時に、しっかりと声を出すことができていたからすぐに探すことができたんだね」「問題文をしっかりと読む子は賢くなるんだね」などと見つけた子を褒める。

指示1　花子さんの説明を赤で囲んでごらんなさい。

ここも最初は、拡大コピーやプロジェクターなどを使い、子どもにわかりやすいように例示するとよい。

赤で印をつけさせると、子どもが間違えた時に訂正させづらい。囲むという簡単な作業だからこそ、少しの配慮で子どもたちに成功体験を積ませたい。そのために子どもと同じものを提示し、教師が例示することは重要な支援の1つである。

指示2　お隣の人も囲んでいますか。確認しなさい。

このような指示を出すことで、やらざるを得ない雰囲気をつくるのだ。

説明1　この【花子さんの説明】を見つけることができると、この
　　　　ような問題は半分できたと言えます。ここは問題の答え、
　　　　答えの書き方が書かれているからです。

　まだ、問題を解いていないが、問題文を読み、囲むという作業で問題を解くことができるようになることを語る。

【囲む２のポイント】
　(1)の問題文の前にあることを探させ、探すことは難しいことではない、問題文を読むことで簡単に探すことができる、ということを教師が示し続ける。

3 【花子さんの説明】内の式、数字、記号を囲む

【所要時間２～３分】

　「指示あり」例示問題では【○○の説明】が答え方の型として提示されている。この答え方をトレースすることで、無理なく答えを書くことになる。
　この型はそのまま使う。
　では、どの部分を変えるのか。
　「式、数字、記号」である。
　例示の問題と本番の問題では、与えられる条件が変わる。
　条件に合わせて「式、数字、記号」を変えることで、答えは導かれる。
　そのための第一歩の指導場面である。

指示1　【花子さんの説明】の説明の２行目。
　　　　式が書かれています。指でおさえなさい。

指示2　50÷10＝5ですね。赤鉛筆と定規を使って囲みなさい。

> 【花子さんの説明】
>
> 木と木の間がいくつあるか求めると、
>
> $\boxed{50\div 10=5}$で、5つです。
>
> それぞれの間の前には木が1本くっついています。
>
> だから、木は、木と木の間の数と同じ数の5本必要です。
>
> さらに、道の終点の木が1本必要なので、
>
> 5＋1＝6で、6本必要です。

ここでも教師の例示が重要である。

発問1　2行目にはもう1つ数字が書かれています。
　　　　どこでしょうか。
　　　　予想してごらんなさい。

　変化をつける。子どもたちに少し考えさせるのだ。
　しかし、ただ考えさせると答えが確定しない。
　「1つ」と規定することが大事だ。
　指名し、答えさせる。できた子を褒めるのはもちろん大切だが、答えた子も褒めるのだ。「よく答えた」「よく手を挙げた」「これは6年生の学力テストレベルの問題だ。挑戦するだけで凄いことなんだよ」などと言葉をかける。

指示3　5。囲みなさい。

> 【花子さんの説明】
>
> 木と木の間がいくつあるか求めると、
>
> 【50÷10＝5】で、【5】つです。
>
> それぞれの間の前には木が1本くっついています。
>
> だから、木は、木と木の間の数と同じ数の5本必要です。
>
> さらに、道の終点の木が1本必要なので、
>
> 5＋1＝6で、6本必要です。

　ここまで行うと、3行目以降は、子どもたちにやらせても大丈夫である。いつまでも「噛んで含める」指導はしない。

指示4　3行目から6行目も同じように「式、数字、記号」を囲みます。

　学級の実態にもよるが、早くできた子には、前に出てこさせ、囲ませるなどの作業をさせたい。
　これには2つの意味がある。
　1つは勉強が苦手な子へのヒントとなるからである。
　向山型算数では、「写すことも勉強です。一番よくないのは何も書かないことです」というフレーズがある。わからないときに、何もしないことが一番よくない。わからないときは、教師の例示、友達の書いたものを写すことが大事である。やっているうちにわかってくることがある。
　2つめは早く終わった子の「空白」を埋めることになるからである。

作業を終えた子はやることがなくなる。やることがなくなるから集中が途切れ、授業中におしゃべりや騒ぐことをしてしまうのだ。教師が注意するのではなく、子どもの「空白」を埋める指示を出すことは授業を引き締める効果がある。
　以下のようになる。

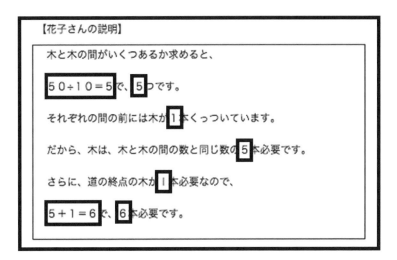

【囲む3のポイント】
　最初は例示するが、後半は子どもたちに挑戦させる。
　勉強が苦手な子、早く終わった子への配慮もする。

4 問題文の式、数字、記号 を囲む

【所要時間1〜2分】
　問題に戻る。
　このように学テ算数B問題は、1問の分量が多いので、行ったり来たりしなくてはならない。どこをやっているかわからなくなる子も出てくる。だから、「囲む」という作業でポイントを浮き出させる行為や、授

業でメリハリのある指示、発問を出すことが大事になる。

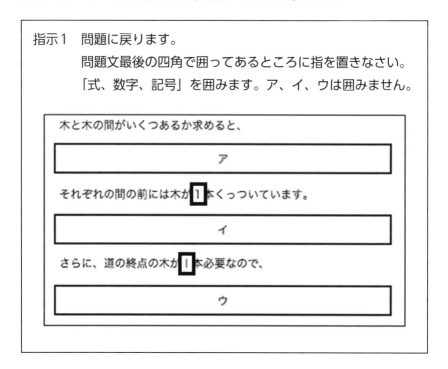

指示1　問題に戻ります。
　　　　問題文最後の四角で囲ってあるところに指を置きなさい。
　　　　「式、数字、記号」を囲みます。ア、イ、ウは囲みません。

　ここも「嚙んで含める」指導はしない。「2箇所あるね」などとヒントを出しながら進めたり、早くできた子に囲ませたりする。

【囲む4のポイント】
　どこを行うのかをしっかりと指示した後は、子どもたちに作業させる。

5【花子さんの説明】内の式、数字、記号以外　を写す
【所要時間3〜4分】
　「囲む」作業が終わり、次の作業に入る。
　「写す」である。

ベースになるのは、本問題では【花子さんの説明】である。
　見てわかるとおり、6行ある長文だ。
　書くのが苦手な子にとっては、なかなか大変な量である。
　しかし、逆に考えると、この長文を書くことができると、「こんなに書いたのだ」という達成感を得ることができる。しかも、0から自分で考えるのではない。ベースになる文章を「写す」のだ。勉強の苦手な子にとっても負担が少ない作業となる。

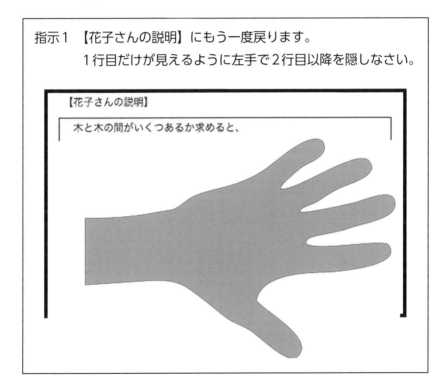

「手で隠す」ことによって、
　1) やることを限定する
　2) ゴールを明確にする
という効果が得られる。
　たくさんの分量を一気に写すことが苦手な子に効果的な指導である。

> 指示2 赤で囲った「数字、式、記号」以外を写しなさい。

この問題の場合、1行目がすでに書かれている。
少し小さい文字だが、なぞらせることで対応する。

> 指示3 左手をずらします。
>   2行目。赤で囲った「数字、式、記号」以外を写しなさい。

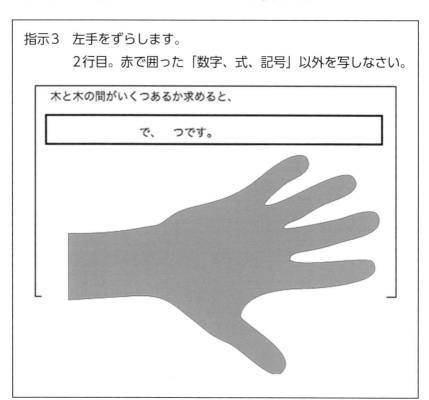

「数字、式、記号」の部分を空けながら写すのが結構難しい。
教師の例示が必要なところだ。
3行目以降も同じようにやらせる。
似たような作業になるので、ダラダラ説明しないで、どんどん作業させる方が授業に緊張感が生まれる。
以下のように書かれることになる。

木と木の間がいくつあるか求めると、

　　　　　で、　つです。

それぞれの間の前には木が1本くっついています。

だから、木は、木と木の間の数と同じ数の　本必要です。

さらに、道の終点の木が1本必要なので、

　　　　　　　ウ

木と木の間がいくつあるか求めると、

　　　　　で、　つです。

それぞれの間の前には木が1本くっついています。

だから、木は、木と木の間の数と同じ数の　本必要です。

さらに、道の終点の木が1本必要なので、

　　　　　で、　本必要です。

　今回は、直接問題用紙に書き込む指導を念頭に行っている。少しスペースが狭いかもしれないが、書き込む方がこの次のパーツで指導しやすくなる。

【写す のポイント】
　どこを写すのか明確に示す。問題用紙に直接書き込ませる。

6 3の式、数字、記号と図や言葉 を結ぶ

【所要時間2～3分】

5までで答えの8割程度は埋まった。あとは最後の詰めである。

空けた「数字、式、記号」を確定していく。

そのために行うのが「結ぶ」作業だ。

まずは「例示問題」の「数字、式、記号」が図のどの部分のことを表しているのかを確定していく。

指示1　【花子さんの説明】に戻ります。
　　　　この問題を解く最後の作業に入ります。
　　　　赤で囲んだ「式、数字、記号」と図を「結び」ます。
　　　　50÷10＝5に指を置きなさい。

発問1　この「50÷10＝5」とは、図のどこにかかれていますか。
　　　　探してごらんなさい。

深追いしない。すぐに答えを示す。（43ページ参照）

指示2　赤で囲んだ「50÷10＝5」と図の「50÷10＝5」を鉛筆と定規で結びます。

ここでも教師の例示が必要だ。

発問2　2行目のもう1つの赤四角。「5」は木と木の間の数です。
　　　　これはどこになりますか。お隣と相談してごらんなさい。

少し難しい問題だ。そのようなときには、相談させる活動を入れるとよい。

指示3　（子どもを指名し、どこかを指で示させる）
　　　　そうですね。1つだけではなく5つの間がありますね。
　　　　線で結びなさい。

指示4　3行目。1に指を置きます。
　　　　この1は難しい。
　　　　ここかなあと思ったら、先生のところにきて言ってごらん
　　　　なさい。

　この1は、1箇所だけではない。4行目の5本につながる部分だ。
　いきなり鉛筆でかかせると、間違う子が続出する。
　変化をつけ、わかった子は教師に言いにくるパーツを取り入れるのもよい。
　その後、子どもたちから答えが出ればよいが、出ない場合は、教師が答えを教えてもよい。

発問3　4行目。「5」本に指を置きなさい。この5本はどれですか。
　　　　線で結びなさい。

　指示4が布石となっている問題だ。だから、鉛筆でいきなり引かせる。
　ここまで行い、気づくと思うが、問題用紙は結んだ線だらけになる。だから、定規でしっかりとした線を引かせることが重要だ。

発問4　5行目。先生はどこに指を置きなさいと言うと思いますか。
　　　　予想してごらんなさい。

　同じ問い方ばかりだと飽きてしまうので、変化をつける。
　流れは同じなので、「1に指を置く」とか「数字に指を置く」などは

出てくる。出てきたら、大いに褒める。

> 発問5　そうですね。この「1」本はどこの木のことでしょうか。
> 　　　　線で結びなさい。

図に残っているのは、1本の木のみ。あっさりと答えを告げる。

> 発問6　6行目。5＋1＝6。
> 　　　　この5と1はどこからきたのでしょうか。
> 　　　　4行目、5行目から探しなさい。

どこから探せばよいのかを限定すると安心して答えられる。

> 発問7　「6」本の「6」これはどこからきていますか。
> 　　　　わかったら手を挙げます。

> 指示5　（5＋1＝6の6）そうですね。線で結びなさい。

ここまでで、一通り赤で囲んだ「式、数字、記号」と図や言葉は線で「結ぶ」ことができた。

> 【結ぶ1のポイント】
> 　線をたくさん結ばなければならない。
> 　錯綜しないために、定規で線を引かせる。

図のような５０ｍの道があります。道の出発点から始めて、その片側に１０ｍおきに木を植えていきます。

道の終点にも植えると、全部で何本の木が必要でしょうか。

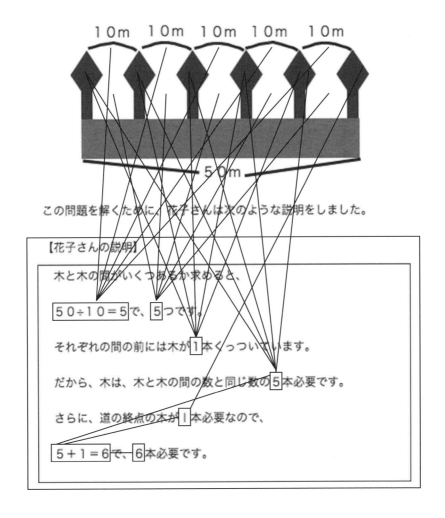

この問題を解くために、花子さんは次のような説明をしました。

【花子さんの説明】

木と木の間がいくつあるか求めると、

$50 \div 10 = 5$ で、5 つです。

それぞれの間の前には木が 1 本くっついています。

だから、木は、木と木の間の数と同じ数の 5 本必要です。

さらに、道の終点の木が 1 本必要なので、

$5 + 1 = 6$ で、6 本必要です。

7 ❹の式、数字、記号と図や言葉 を結ぶ

【所要時間2〜3分】

最後の作業である。

❻と同じように作業させる。

しかし、❻と比べ、図が省略されている。

その分、線で「結ぶ」ことができない部分も出てくる。

授業の中でそのようなことがあることも伝えることが肝要だ。

指示1　右ページの下に戻ります。
　　　　赤で囲んだ「式、数字、記号」と図を「結び」ます。
　　　　2行目。書かれていないところが2箇所あります。
　　　　指でおさえてごらんなさい。
　　　　ここには式が入ります。木と木の間を求める式ですね。
　　　　図のどこでしょうか。探してごらんなさい。

子どもたちに探させるが、すぐに答えも提示しておく。

指示2　図の中の2000m、10mと空いているところを定規で結んでごらんなさい。

発問1　この木と木の間を求める式を書き込めばいいのですね。
　　　　どんな式になりますか。書き込んでごらんなさい。

$2000 \div 10 = 200$になる。

図に線を引くことができれば式を書ける子は多いだろう。

学級の実態に応じて、教師の例示を入れることもあり得る。

指示3　2行目。もう1つの空白。線で結びなさい。

発問2　間の数を書き込みますね。間の数はいくつですか。書き込みなさい。

線で結んでいるうちに、わかってくる。
6で一度行っているので、安心してできる。
200になる。200「つ」はおかしいので、「つ」を消させる。

指示4　3行目。1に指を置きます。
　　　　この1は図のどこですか。
　　　　左ページを参考にして線を引いてごらんなさい。

発問3　4行目。空白があります。どんな数字が入ると思いますか。
　　　　お隣同士で言い合いっこしてごらんなさい。

2行目に書かれている。

説明1　そのとおり。200ですね。
　　　　図に200はありません。省略されています。

省略されており、すべてに線を引くことができない場合もあることを教える。

指示5　5行目。この「1」本は、道の終点のものです。線を引きなさい。

> 発問4　6行目。最初の空白には式が入ります。
> 　　　　1ページ目を参考にしながら、線を引いてごらんなさい。

> 指示6　式も書きなさい。

200 ＋ 1 ＝ 201 になる。

> 指示7　6行目。残りの空白にも数字を入れなさい。

　すぐ左に答えがある。また、やり方がわからなければ左ページに書いてある。

> 【結ぶ2のポイント】
> 　結ぶ1をベースに行う。
> 　しかし、図が省略されている場合もある。
> 　線を結べないこともあることをあらかじめ伝えておく。

（1）太郎くんは、もっと長い道でも調べて見たくなりました。

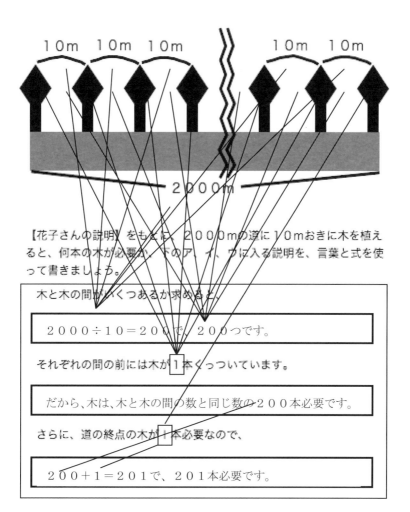

【花子さんの説明】をもとに、2000mの道に10mおきに木を植えると、何本の木が必要か、下のア、イ、ウに入る説明を、言葉と式を使って書きましょう。

木と木の間がいくつあるか求めると、

2000÷10＝200で、200つです。

それぞれの間の前には木が1本くっついています。

だから、木は、木と木の間の数と同じ数の200本必要です。

さらに、道の終点の木が1本必要なので、

200＋1＝201で、201本必要です。

IV 「指示なし型」例示問題も 3つの作業「囲む」「写す」「結ぶ」で解ける!

　過去に14問出題された「指示なし型」の例示問題の中で、最も出題数の多い12問「数値、言葉、式を変えるタイプ」は、以下の3つの作業、4つのステップで解くことができる。

　第3章で紹介した「指示あり」例示問題と比べ、「指示なし」例示問題の難しいところは、指示が直接書かれていないところである。

　指示は直接書かれていないが、例示はしっかりと書かれている。

　その例示を見つけることができるかがポイントとなる。

　例示を見つけるためにも、まずは「読む」活動を取り入れたい。

1(1)前の「式、数字、記号」	を囲む…1
2問題文下の「式、数字、記号」	を囲む…2
3 **1**の式、数字、記号以外	を写す
4表と図	を結ぶ

　これら3つの作業、4つのステップを以下の教材を使って、授業化する。

〈左ページ〉　　　　　　　〈右ページ〉

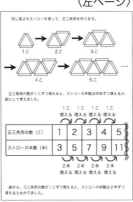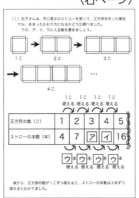

0 読む

【所要時間1〜2分】

> 指示1　左ページ。1番上の行に指を置きなさい。

> 指示2　先生の後について読みます。

> 指示3　正三角形が1この図に指を置きなさい。

> 発問1　ストローは何本使っていますか。
> 　　　　数えてごらんなさい。

　指を置いたり、読んだりだけでは飽きてしまう。数えさせるなどの活動も入れることで授業にメリハリが生まれる。

　正三角形の数が2こ、3こ、4こ、5このときも同様にストローの本数を数えさせる。

> 指示4　今数えた正三角形の図の下の2行。
> 　　　　先生の後について読みます。

> 説明1　今図で考えたことを表にします。

> 発問2　念のため。正三角形が1このとき、ストローの本数は何本ですか。

Ⅳ　「指示なし型」例示問題も　3つの作業「囲む」「写す」「結ぶ」で解ける！

> わかったら手を挙げます。

> 指示5　3本ですね。そのことが書かれている表の部分に指を置きなさい。

拡大コピーやプロジェクターで映し、全員で確認する。

> 発問3　前を見て。
> 正三角形が1こ増えました。2こになりました。
> ストローの本数は何本ですか。
> わかった人みんなで言います。さん、はい。

> 発問4　5本です。ストローの本数は何本増えましたか。
> お隣同士で言ってごらんなさい。

　この問題の肝は、2つの量が伴って変わるというところである。そのことを直接説明しないが、発問、指示で扱い、布石を打っておく。
　同様に正三角形が5このときまで扱う。テンポよく進め、説明しない。

> 指示6　表の下の2行に指を置きます。
> 先生について読みます。

　最後の2行は、表で理解したことのまとめが書かれている。あっさりと書かれているが、忘れずに読ませたいところだ。

> 指示7　右ページ。(1)を読みます。

> 指示8　とても大切なところなので、もう一度読みます。さん、はい。

> 指示9　（「場合でも」が読み終わったところで）ストップ。
> 　　　　「でも」を赤鉛筆で囲みなさい。
>
> > (1) 花子さんは、同じ長さのストローを使って、正方形を作った場合 でも きまったかわり方になるかどうか調べました。
> > 下の、ア、イ、ウに入る数を書きましょう。

拡大コピーやプロジェクターで例示する。

> 説明2　「でも」という言葉が出てきた場合は、前の問題と同じように解きなさいということです。

「指示なし」例示問題の最重要ポイントである。

> 説明3　左ページと同じように図と表から考えるのですね。

> 【読む のポイント】
> 　「指示なし」例示問題では、(1)などの問題文に、例示問題だという隠れ指示となる言葉がある。その言葉を見つけ、子どもに教えていく。

1 (1)前の「式、数字、記号」を囲む
【所要時間1〜2分】
　(1)の問題文の前が「例示」で、(1)の後が「例示」を使って解く問題で

ある。この問題では、「でも」という言葉があるので、わかりやすい。

| 指示1 | 左ページ真ん中くらい。 |
| | 表があります。指で押さえなさい。 |

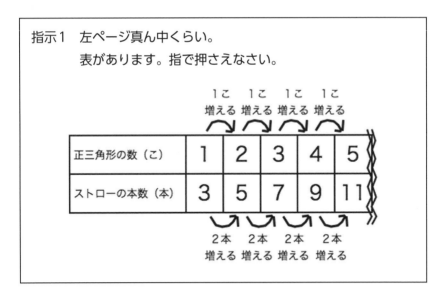

拡大コピーかプロジェクターで映す。

| 指示2　数字を赤鉛筆で囲んでごらんなさい。 |

子どもの動きが鈍いときは、1〜2つ教師が例示をする。

| 指示3　囲んだ人は前にきて、書き込みなさい。 |

　早くできた子の「空白」を埋める指示、また、勉強が苦手な子が写してもよいという状態をつくる指示である。
　子どもたちと確認しながら行うとよいだろう。以下のような状態になっている。

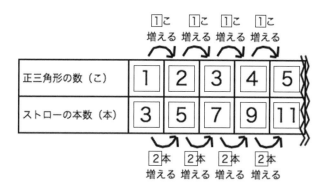

【囲む1のポイント】

　全員が時間内に同じように「式、数字、記号」を囲むことができるような配慮をする。

---

2 問題文下の「式、数字、記号」を囲む

【所要時間1～2分】

　(1)の問題文の後に戻る。

指示1　右ページに戻ります。
　　　　表に指を置きなさい。「式、数字、記号」を囲みなさい。

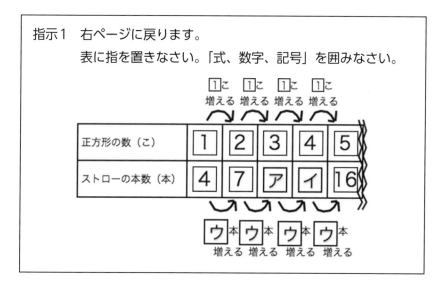

Ⅳ 「指示なし型」例示問題も　3つの作業「囲む」「写す」「結ぶ」で解ける！

表の中が□だらけになる。

拡大コピーやプロジェクターなどに映し、確認することが必要だ。

【囲む2のポイント】
　教師の例示などを示し、混乱しないように配慮する。

---

3 1の式、数字、記号以外を写す
【所要時間3～4分】
　「囲む」作業の次は「写す」作業だ。

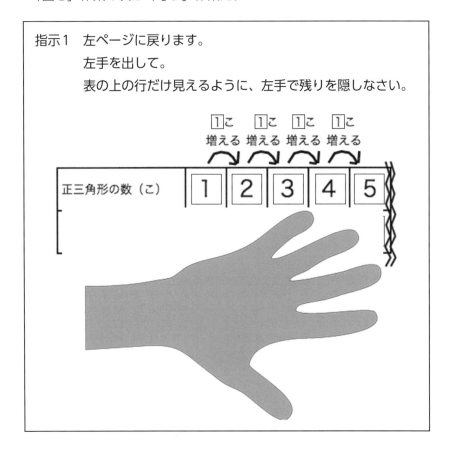

指示1　左ページに戻ります。
　　　　左手を出して。
　　　　表の上の行だけ見えるように、左手で残りを隠しなさい。

拡大コピーやプロジェクターなどに映し、教師が例示することが大事だ。

なぜわざわざ手を使うのか。

手で隠すことで、情報が限定されるからだ。

たくさんある情報を限定することで、やるべきことを明確にする。

指示2　赤で囲った「式、数字、記号」以外を写します。

この問題の場合、表の上の行にはもうすべて書かれている。

なぞらせたり、声に出して読ませたりという工夫をする。学級の子どもたちの実態に合わせる。

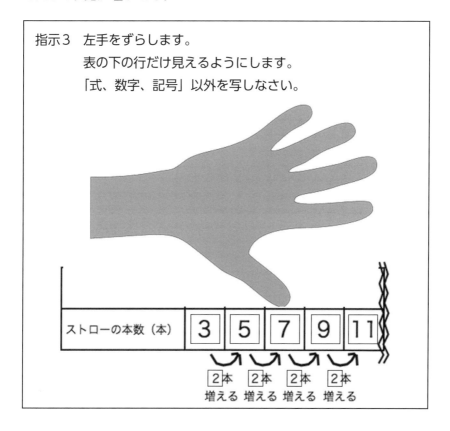

Ⅳ　「指示なし型」例示問題も　3つの作業「囲む」「写す」「結ぶ」で解ける！

指示2同様に進める。

> 【写す のポイント】
> 次の作業のため、問題用紙に直接書き込ませる。
> 手で隠すパーツなどを使い、やることを明確にさせる。

4 表と図を結ぶ

【所要時間3〜4分】

第Ⅲ章「指示あり」例示問題と同様に、囲んだところと図や言葉を結んで解いていく。

> 説明1　左ページに戻ります。
> 　　　　表の数字と関係のある図を線で結ぶ作業をします。

ページが左にいったり、右にいったりしているので、次に何をすべきか端的に説明することも必要である。

> 指示1　表。正三角形の数に指を置きなさい。

> 発問1　正三角形の数が1こ。そのことが図で表されているのはどこですか。
> 　　　　上の図から探しなさい。

作業だけでは飽きてしまう。子どもたちに探させる問いも入れる。

> 指示2　(拡大コピーやプロジェクターなどで確認し) そうですね。
> 　　　　表の1こと図を結びなさい。

確認した後、正三角形の数が5このときまで一気に行わせる。

指示3　正三角形が2、3、4、5このときもやってごらんなさい。

問題用紙は次のようになっているだろう。

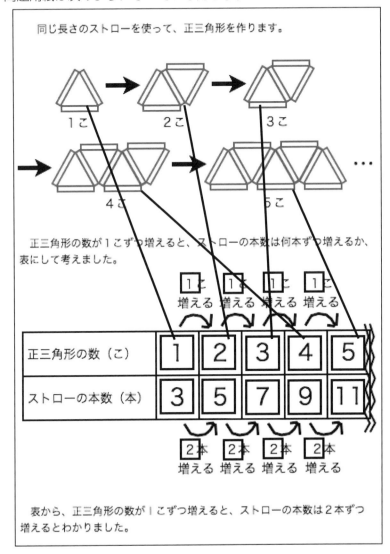

> 指示4　右ページ。
> 　　　　同じように、表の正方形の数と図の正方形の数を結びます。
> 　　　　正方形の数1こ。できたら持ってらっしゃい。

　左ページで行っていることなので、くどくどと説明しない。
　しかし、念のため1問目を持ってこさせることで、教師のチェックが入ることになる。もし、間違えていても1問目なので、直すのは容易になる。

> 指示5　合格した人は、正方形の数が2、3、4このときも同じようにやってごらんなさい。

　早くできた子には、前に出てこさせ、拡大コピーやプロジェクターに映し出したものに書き込ませる。
　早くできた子の「空白禁止」と勉強の苦手な子への配慮だ。

> 発問2　ア、イ、ウにはどんな数字が入りますか。
> 　　　　問題用紙に書き込みなさい。

　書けた子から黒板に書かせ、答え合わせをする。

> 【結ぶ のポイント】
> 　結んだ直後に書き込みをさせると、忘れないで書くことができる。
> 　　最後の最後は、自分で解いたという体験を積ませる授業の流れにする。

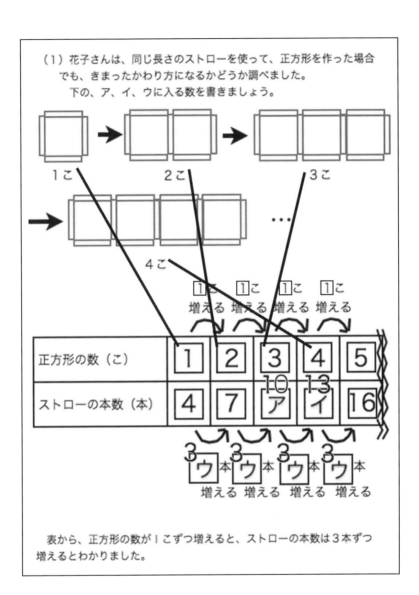

IV 「指示なし型」例示問題も 3つの作業「囲む」「写す」「結ぶ」で解ける！ 59

Ⅴ 教科書の基本構造はこうなっている

　第Ⅳ章までで、学テ算数B問題の2割を占める「例示問題」とその解法「囲む」「写す」「結ぶ」について示した。
　第Ⅲ章、第Ⅳ章で示した教材をそのまま使用し、授業をすれば、解き方をすぐに理解するだろう。また、授業後「例示問題」に関する学テ算数B問題の過去問を解かせることでさらに定着する。
　しかし、それだけでは、授業改善にならない。
　授業改善というからには、日常の授業で「例示問題」の解き方を「活用」させることが肝要である。
　日常の授業とは、

> 教科書を使った授業

のことである。
　そこで第Ⅴ章では、

> **1** 教科書の基本構造―例題 → 類題 → 練習問題
> **2** 教科書の構造を教えることで、「指示なし」例示問題に対応する
> **3** この単元で「指示あり」例示問題をそのまま活用できる

と教科書を使い、学テ算数B問題の2割を占める「例示問題」に対応する授業指導例を紹介する。

1 教科書の基本構造——例題 → 類題 → 練習問題

　単元によっても多少変わってくるが、教科書の基本的構造は以下のようになっている。

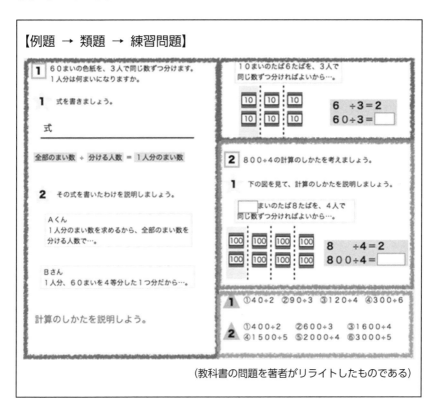

（教科書の問題を著者がリライトしたものである）

「例題」では、この時間で習得させたい学習内容が扱われる。
　　　6 ÷ 3 = 2
　　　60 ÷ 3 = 20
「類題」は、「例題」で習得した内容を使って問題を解く。
　　　8 ÷ 4 = 2
　　　800 ÷ 4 = 200
「練習問題」を行うことで学習内容の定着を図る。
△の4問。△の6問。計10問である。

この流れは、どこかで見たことはないだろうか。

「指示なし」例示問題指導法そのままである。

練習問題を解くためには、例題でやり方を学ばなければならない。
「例題を使って、練習問題を解きなさい」
という指示がなくても、やり方を参考にして行っているのだ。
教科書を活用することが、「指示なし」例示問題の基礎的な力をつけるといっても過言ではないだろう。
かなり大雑把な言い方になるが、

教科書を使えば、それだけで例示問題の練習になる

のである。
また、教科書の構造だけではなく、表記の仕方にもちょっとした工夫がある。それを見つけることができれば、「例示問題」だとわかるのである。
これも後述する。

2 教科書の構造を教えることで、「指示なし」例示問題に対応する
①例題 → 練習問題
これはほぼすべてのページがこの組み立てになっている。
前々ページの図で見ると、1が例題である。
例題右ページの

```
6  ÷ 3 = 2
60 ÷ 3 = 20
```

というのがこの時間の問題のやり方である。

②は類題である。教科書会社や単元によって、この類題がある場合とない場合がある。

　先ほどの基本的な問題の解き方

```
6  ÷ 3 = 2
60 ÷ 3 = 20
```

を使い、少し変化させ、

```
8   ÷ 4 = 2
800 ÷ 4 = 200
```

というやり方を示している。

　そして、練習問題である。①、②で学習した問題の解き方を利用し、△、△で10問の練習問題を行うことになる。

　この10問はすべて、①、②のやり方を使えば解くことができる。

　問題文には、「①、②の解き方で」とは書いていない。書かなくても暗黙の了解になっているのだ。

　これは「指示なし」例示問題そのものである。

　教科書を毎時間しっかりと使うことが「指示なし」例示問題の練習となっているのだ。

②前時の解き方　→　本時の解き方

　①は、1時間の流れでのことであった。

　しかし、教科書の流れは1時間だけではない。

　例えば、小5「小数のしくみ」では、第1時で以下のような基本的な問題の解き方を示している。

V　教科書の基本構造はこうなっている

```
1が      2 こ  ・・・・・・ 2
0.1が    3 こ  ・・・・・・ 0.3
0.01が   4 こ  ・・・・・・ 0.04
0.001が  5 こ  ・・・・・・ 0.005
                あわせて 2.345
```

次の時間の基本的な問題の解き方は、以下のとおり。

```
0.005  ・・・・・・0.001を    5 こ
0.04   ・・・・・・0.001を   40 こ
0.3    ・・・・・・0.001を  300 こ
2      ・・・・・・0.001を 2000 こ
2.345は          0.001を 2345こ集めた数です。
```

前時の解き方が、本時の解き方の基本となっている。

子どもにたちには

> 説明1　算数は1時間1時間の積み重ねが大事と言われています。
> 　　　今日の学習も昨日の学習をもとにしていましたね。
> 　　　わからなくなった時は、前を見ることが大事なのですね。

というような話をするとよい。毎回続けることで「指示なし」例示問題を解くことにつながることになる。

③前小単元（節）の流れ → 本小単元（節）の流れ

　単元は、いくつかの小単元（節）が組み合わさって構成されている。
　その小単元が、ただくっついているのではなく、指導の流れが似たような組み立てになっていることも多々ある。

例えば、小5「四角形と三角形の面積」の単元。

〈1　平行四辺形の面積の求め方〉
　①補助線を引き、できた形を移動させて長方形にし、面積を求める
　②平行四辺形の面積を求める公式
〈2　三角形の面積の求め方〉
　①同じ形を組み合わせて平行四辺形や長方形にし、面積を求める
　②三角形の面積を求める公式
〈3　台形の面積の求め方〉
　①同じ形を組み合わせて平行四辺形にしたり、補助線を引いて三角形に分けたりして、面積を求める
　②台形の面積を求める公式
〈4　ひし形の面積の求め方〉
　①補助線を引いて三角形に分けたり、長方形を作ったりして、面積を求める
　②ひし形の面積を求める公式

　すべて、既習事項を使って面積を求め、そこから公式の学習に入るという流れである。

　同じ流れで繰り返されているので、子どもたちは安定して授業を受けることができる。

　また、見通しをもつことができるので、もし、わからなくなった時には前の節を見ると、やり方を思い出すことができる。

　これも「指示なし」例示問題を解く時に役立つ。

説明1　教科書の内容がわからくなったら、前に戻るといいんだね。

このような説明をことあるごとに行うとよい。

Ⅴ　教科書の基本構造はこうなっている

④前単元の流れ → 本単元の流れ

　同じ単元だけにとどまらず、単元を飛び越えて、同じ流れになっているものもある。

　例えば、小5「小数のかけ算」単元と「小数のわり算」単元。

〈小数のかけ算〉
　①10倍や10分の1にして、整数のかけ算を利用した計算
　②整数の筆算の仕方を応用した計算
　③かける数とかけられる数の関係
　④交換法則、分配法則
　⑤小数の倍
〈小数のわり算〉
　①10倍にして、整数のわり算を利用した計算
　②整数の筆算の仕方を応用した計算
　③わる数とわられる数の関係
　④あまりのあるわり算、わりきれないわり算
　⑤小数の倍とわり算

　比べてみると、流れがほぼ同じである。

説明1　単元が変わってもやり方、進め方は一緒のこともあるんだね。

　直接の解き方は、例示されていないが、「考え方」は例示されている。子どもたちに伝えたい。

⑤単元末のまとめ活用

　単元のまとめに「しあげ」問題が掲載されている。どの教科書会社にも、どの学年にもある。

ここには、単元の問題が載せられているだけではない。
問題の右端に

わからなかった時に
どのページの何番を見返せばよいのか

が書かれているのだ。
　これは、一斉指導で使える。

指示1　☆を指でおさえなさい。

発問1　この問題の解き方は　何ページの　何番に　書かれていますか。
　　　　探しなさい。

このように展開すると、「指示なし」例示問題の解き方の練習になる。

⑥教科書の問題表記
　すべての教科書会社、すべての学年に記載されているわけではないが、練習問題に「ある」記載がされることで「指示なし」例示問題の練習になるものがある。

---
1)　⑥
　　④の練習

---
2)　たしかめ　整数と小数のしくみ
　　　　1

Ⅴ　教科書の基本構造はこうなっている

> 3) ⚠
>   ちょうせん

> 4) どうしてがいえるかな
>   ⚠

この4種類はすべて、前の例題を受けてのものである。

> 説明1 わからなくなったら、すぐ前の問題を参考にすればいいのですね。

⑦「指示なし」例示問題

①〜⑥は、教科書の構造を活用するだけで「指示なし」例示問題の練習になることを述べた。

ここでは、教科書に掲載されている典型的な「指示なし」例示問題を3つ紹介する。

1) 小4「がい数」

切り上げ、切り捨てを使った買い物問題。

説明の型が示され、それを活用し、類題を解く時に、「指示なし」例題指導が使える。

```
1  3470円のバットと4610円のグローブを買おうと思います。
(1) 花子さんは、7000円で買えるかどうかを、次のように見積もって考えました。
    花子さんの考え方を説明しましょう。

         3470              4610
      切り捨て ↓           ↓ 切り捨て
         3000    +    4000    =    7000

    どちらも切り捨てて足すと7000円になります。
    3470+4610は、3000円+4000円より大きいから、
    7000円で [          ]。

(2) 太郎くんは、9000円で買えるかどうかを、次のように見積もって考えました。
    太郎くんの考え方を説明しましょう。

         3470              4610
      切り上げ ↓           ↓ 切り上げ
         4000    +    5000    =    9000
```

【所要時間7分】

指示1　長い文章で「説明しましょう」という語尾です。
　　　　その直前に説明の型があるか見てごらんなさい。

発問1　説明の型はありますか。
　　　　ない？　ある？　（少し間）ありますね。
　　　　指でおさえなさい。

指示2　花子さんの説明。
　　　　式、数字、記号を赤で囲んでごらんなさい。

V　教科書の基本構造はこうなっている

```
指示3  赤で囲んだところ以外を写しなさい。

   どちらも切り捨てて足すと        になります。
                 は、         より大きいから
   で足りません。
```

```
発問2  説明の空いているところにはどんな式や数字が入りますか。
       書いてごらんなさい。

   どちらも切り捨てて足すと 9000円 になります。
   3470 + 4610    は、  4000 + 5000   より大きいから
   9000円 で足りません。
```

```
発問3  今できた文章を読み、おかしなところはありませんか。
       お隣同士で話し合ってごらんなさい。
```

　子どもたちから出ないようなら「3箇所あります」と宣言して、それから探させてもよい。

```
指示4  直してごらんなさい。

           切り上げ
   どちらも切り捨てて足すと 9000円 になります。
   3470 + 4610    は、  4000 + 5000   より大きいから
   9000円 で足りません。                 小さい
           足ります。
```

指示4の直すところが難しい。

2) 小4「小数のかけ算」

　筆算の計算手順を3つに分けてまとめた表記があり、そのすぐ下に、他の筆算がある。その筆算の手順を説明するという授業場面である。

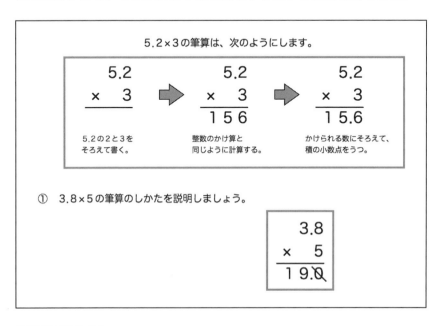

【所要時間5分】

| 指示1　筆算の手順が3つ書かれているところに指を置きなさい。 |

| 指示2　手順の中の「数字」を赤で囲みなさい。 |

| 指示3　赤で囲んだところ以外を写しなさい。 |

　3つ横に書けないときは、縦にしたり、ノートを見開き2ページにし

たりという工夫が必要だ。

> 指示4　手順の上に3.8×5と筆算を1つずつ書きなさい。

> 指示5　手順の空いているところに数字を入れてごらんなさい。

> 指示6　計算も説明に合わせて書きなさい。
>
> ```
>     3.8              3.8              3.8
>   ×  5            ×   5            ×   5
>   ─────           ─────            ─────
>                     190              19.0
> ```
>
> 3.8の8と5を　　整数のかけ算と　　かけられる数にそろえて、
> そろえて書く。　同じように計算する。　積の小数点を打つ。

> 発問1　問題と比べ、1つ足りないものがあります。
> 　　　　探してごらんなさい。

「小数点以下の0を消す」である。
子どもから出なければ、ヒントを出す。

> 指示7　3つめに付け加えておきなさい。

「小数のわり算」単元でも応用できる「指示なし」例示問題である。

3）小5「小数のかけ算」
　小数点を打ち間違えた例を取り扱った授業場面である。

```
      4.3
   ×  4.8
   ─────
    3 4 4
  1 7 2
  ─────
  2 0 6.4
```

花子さんは、4.3×4.8の計算のまちがいを下のように説明しています。

> 整数の部分だけを計算すると、
> 4×4=16
> 206.4は答えが大きすぎます。

──花子さん

6.2×5.3の計算のまちがいを説明してみましょう。

```
      6.2
   ×  5.3
   ─────
    1 8 6
  3 1 0
  ─────
  3.2 8 6
```

【所要時間7分】

| 指示1　花子さんの説明に指を置きます。 |

| 指示2　説明を読みます。 |

| 指示3　花子さんの説明の中の「式、数字、記号」を赤で囲みなさい。 |

| 指示4　赤で囲った以外をノートに写しなさい。

　　整数の部分だけを計算すると、 |

Ⅴ　教科書の基本構造はこうなっている

は答えが大きすぎます。

発問1　空いているところにどんな式や数字、記号が入りますか。
　　　　書き込んでごらんなさい。

写し終わった後に、問う。

発問2　おかしなところはありませんか。

　整数の部分だけを計算すると、
　6 × 5 = 30
　3.286は答えが大きすぎます。

ここは少し子どもたちに考えさせたいところだ。
すぐに答えは言わない。

指示5　直してごらんなさい。

　整数の部分だけ計算すると、
　6 × 5 = 30
　3.286は答えが ~~大きすぎます。~~
　　　　　　　　小さすぎます。

「上と同じように」などの言葉はないが、長い問題、似たような表記がある問題は、「指示なし」例示問題になることが多い。

3 この単元で「指示あり」例示問題をそのまま活用できる！

第Ⅲ章で紹介した「指示あり」例示問題指導法では、問題文の中に

> 【○○さんの説明】をもとに

という表記があった。

これは学テ算数B問題の過去問の「指示あり」例示問題すべてに登場するキーワードである。

では、現行の算数教科書には、この「【○○さんの説明】をもとに」という表記はあるか。現行の算数教科書全6社分1〜5年すべての問題を見た。「【○○さんの説明】をもとに」という表記は「0」である。

では、教科書を使って「指示あり」例示問題を使った学習はできないのか。そんなことはない。教科書に掲載されている問題文の中には、「【○○さんの説明】をもとに」とは違うキーワードで「指示」を出しているものがある。

> 1. 〜と同じように
> 2. 上のような
> 3. 上の〜を変えて
> 4. 〜のしかたで
> 5. 〜の考えでは
> 6. 〜の考えを使って

以上の6パターンの「指示」が教科書には出されている。

この6パターンを子どもたちに教えることで、「指示あり」例示問題指導法の「囲む」「写す」「結ぶ」を利用することが可能となる。

以下、教科書の典型的な問題を使った授業例18種類を学年別に紹介する。

①小2「たし算とひき算」
　「たし算とひき算」の応用・活用のための巻末問題である。

1 ①を解く。
2 ②を解く。

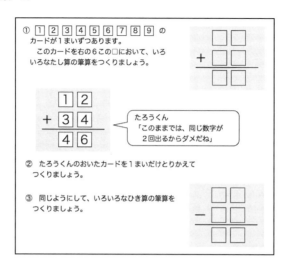

【所要時間8分】

| 指示1　③を読みます。 |

| 指示2　問題文の最初「同じようにして」を赤鉛筆で囲みます。
　　　　「同じようにして」ですよ。 |

教師側の例示を用意したい。

| 指示3　①のたし算と同じようにやっていきますよ。
　　　　たろうくんの筆算を見ます。 |

| 指示4　12＋34を12－34に変えて写します。
　　　　ノートに書きます。 |

発問1　よし、これで計算できますね。

ここでおかしいという子どもに育てたい。
そのために教師がわざと間違えるというのは大事な技能である。

指示5　そうだね。引かれる数の方が小さいからできません。
　　　　入れ替えて計算します。
```
   34
 －12
 ─────
   22
```

指示6　同じ数が3回も出てしまいました。これではいけませんね。
　　　　大きく×をつけます。

発問2　3回も出ている2のどれか1つを変えてごらんなさい。
　　　　先生は、22の一の位2を6にしてみます。
```
   34          34
 － 1   →　  －18
 ─────      ─────
    6          16
```

発問3　これもダメでした。でも今度は同じ数が2個に減りました。
　　　　今度は16の1を5にしてみます。
```
   34          74
 －18   →　  －18
 ─────      ─────
   56          56
```

やり方をトレースする方法から入ったので、少し煩わしい手順になっ

たかもしれない。一度扱った後は、「次は自力でやってごらんなさい」と突き放す。

②小2「かけ算」

「かけ算」単元の応用・活用問題。

学年が上がると出てくるかけ算の分配法則を扱う場面である。

下の枠の①より前の部分は教科書どおりに進める。

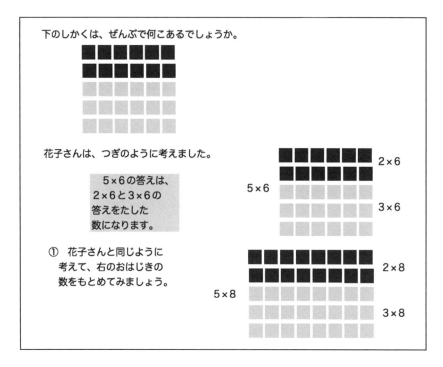

【所要時間6分】

指示1　①に指を置きなさい。
　　　　先生の後について読みます。

> 指示2　1行目を赤で囲みます。
> 　　　　「花子さんと同じように」です。

　2年生なので、口頭指示だけで通じない子もいるかもしれない。拡大コピーやプロジェクターで映したものがあるとよい。

> 指示3　今読んだすぐ上に花子さんの考えが書かれています。
> 　　　　先生と同じところを指でおさえます。

　視点が次々に変わるので、例示が必要である。

> 指示4　式が3つ書いてありますね。
> 　　　　その3つの式を赤鉛筆で囲みなさい。

　数を言ってあげると、安心して取り組むことができる。

> 指示5　赤で囲んだ以外の言葉をノートに写します。
> 　　　　赤で囲んだところは空けておきます。
>
> 　　　　　　の答えは、
> 　　　と　　　　の
> 　答えをたした
> 　数になります。

　ここも例示があるとよい。

> 発問1　1行目の空いているところにはどんな式が入るでしょうか。
> 　　　　わかったら先生にこっそりと教えにおいで。

Ⅴ　教科書の基本構造はこうなっている

できた子を大いに褒めたい。
「教科書をしっかりと見ている子はできるんだよね」などと言い、教科書を見ることを促す。

> 指示6　残りの2つも書けたら、見せにいらっしゃい。
>
> 　　5×8の答えは、
> 　2×8と3×8の
> 　　答えをたした
> 　　数になります。

ここまで完成させ、教科書の□も埋めさせたい。2年生なので、高学年で扱うより、ステップを細かくするとよい。

③小3「かけ算のきまり」
　かけ算のきまりをいろいろな形で式に表す授業場面である。

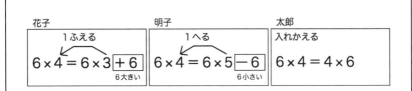

【所要時間7分】

> 指示1　①を読みます。

指示2　文の真ん中「3人の考えを使って」を赤で囲みなさい。

発問1　念のため、3人とは誰ですか。お隣の人に言ってごらんなさい。

花子さん、明子さん、太郎くんと確認する。

指示3　花子さんのやり方から始めます。 　　　花子さんの式、数字、記号を赤で囲みなさい。

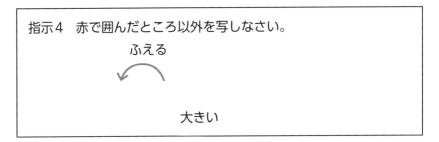

写すところが少ないので、隙間などを空けながら書くところが難しい。マス目黒板などを利用したい。

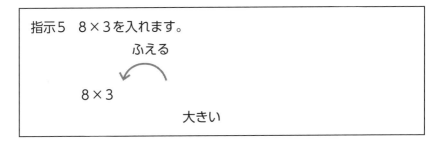

Ⅴ　教科書の基本構造はこうなっている

指示6　「1ふえる」も変わりませんので、1を入れます。

　　　　　　1ふえる
　　　　　　⤹
　　　　　8×3
　　　　　　　　　　大きい

発問2　1ふえると3になる数は何ですか。(2)
　　　　8×2ですね。書きます。

　　　　　　1ふえる
　　　　　　⤹
　　　　8×3＝8×2
　　　　　　　　　　大きい

発問3　8×3の答えは、8×2の答えよりいくつ大きくなりますか。
　　　　お隣どうしで言い合いっこしなさい。

ここはなかなか難しいところだ。あまり引っ張らない方がよいだろう。

指示7　8ですね。残ったところを書きこみます。

　　　　　　1ふえる
　　　　　　⤹
　　　　8×3＝8×2 +8
　　　　　　　　8大きい

明子さん、太郎くんの考えも同様に扱う。

明子さん

$$8 \times 3 = 8 \times 4 - 8$$

1へる / 8小さい

太郎くん

入れかえる

$$8 \times 3 = 3 \times 8$$

一度ではなかなか難しいところである。

似たような問題を何度か出すと、慣れてくるだろう。

④小3「わり算」

「わり算」の応用・活用問題。

1　ページ上段部分を解かせる。
2　活用問題なので、余計な説明はしない。

　　「やってごらんなさい。できたら持っていらっしゃい」

2から9までのカードを、1まいずつ ア から ク までの上において、正しい式にしましょう。

2　3　4　5
6　7　8　9

$42 \div ア = イ$
$24 \div ウ = エ$
$20 \div オ = カ$
$18 \div キ = ク$

上のような問題をつくってみましょう。

$18 \div = $
$21 \div = $
$30 \div = $
$32 \div = $

Ⅴ　教科書の基本構造はこうなっている

【所要時間6分】

| 指示1　問題を先生の後について読みます。 |

| 指示2　「上のような問題」、ここを赤で囲みなさい。 |

| 指示3　一番上に問題が書いてあります。指でおさえなさい。
　　　　数字や記号を赤で囲みなさい。 |

　3年生であるので、拡大コピーやプロジェクターに映し出したもので答えを確認したい。

| 指示4　赤で囲んだもの以外をノートに写しなさい。

　　　　　から　までのカードを、　まいずつ□から□までの上において、
　　　正しい式にしましょう。 |

| 発問1　最初の2つの空白を埋めます。使うカードは、何ですか。
　　　　お隣どうしで相談してごらんなさい。 |

　子どもから出るまで待ちたいところだ。
　教科書には、2から9のイラストカードがあるので、鍛えられている学級ならすぐに答えが出るだろう。

| 指示5　クまで記号を使っていますので、ケからタまで使います。
　　　　問題文に入れなさい。 |

指示6　問題の式が教科書に書かれています。
　　　　写します。

　　18÷□=□
　　21÷□=□
　　30÷□=□
　　32÷□=□

指示7　残った部分を全部埋めましょう。

　2から9までのカードを、1まいずつ ケ から タ までの上において、正しい式にしましょう。
　　18÷ ケ = コ
　　21÷ サ = シ
　　30÷ ス = セ
　　32÷ ソ = タ

⑤小4「式と計算」

　「式と計算」の単元は、例示問題となりやすい。

1 1こ25円のチョコレートを
8こ買うときの、代金を求めよう
としています。

花子さんは、、筆算をしないで、25×8の答えをかんたんに
求めるくふうを思いつきました。

花子
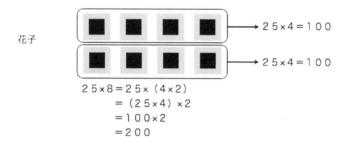

25×8＝25×（4×2）
　　 ＝（25×4）×2
　　 ＝100×2
　　 ＝200

① 上の花子さんの考え方を使って、1こ25円のチョコレートを24こ買うときの
代金の求め方を、式を使って説明しましょう。

【所要時間5分】

指示1　①を読みます。

指示2　「上の花子さんの考えを使って」という部分を赤で囲みなさい。

発問1　チョコレートを24個買うときの式はどうなりますか。
　　　　ノートに書きなさい。

25×24と確認する。

指示3　花子さんは、25はそのままにしています。

そこまで写しなさい。

25 × 24 = 25 ×

発問2　花子さんは（　）の中を4と2にしています。
　　　　24は4と何になりますか。書きなさい。
　　　　25 × 24 = 25 ×（4 × 6）

指示4　2行目を書きなさい。

25 × 24 = 25 ×（4 × 6）
　　　　＝（25 × 4）× 6

発問3　25 × 4は花子さんの考えに書かれていました。
　　　　いくつですか。3行目を書きなさい。

25 × 24 = 25 ×（4 × 6）
　　　　＝（25 × 4）× 6
　　　　＝ 100 × 6

指示5　最後まで計算しなさい。

25 × 24 = 25 ×（4 × 6）
　　　　＝（25 × 4）× 6
　　　　＝ 100 × 6
　　　　＝ 600

Ⅴ　教科書の基本構造はこうなっている

式だけの説明は、言葉を交えるよりもイメージがしづらいかもしれない。

一時に一事の指示が有効だ。

⑥小4「面積」

補助線を入れて形を分け、面積を求める授業場面である。
1 ①の花子さんの考えを読む。
2 ②の明子さんや太郎くんの考えを、①の花子さんの考えをトレースしてそれぞれ書かせる。
3 ③の□の穴埋めをし、式を写させる。

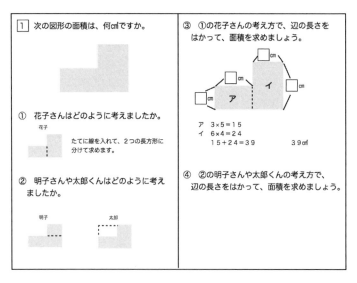

【所要時間7分】

指示1 明子さんから考えます。
　　　　明子さんの考え方は②でやりました。
　　　　念のため、もう一度読みます。

指示2　②の明子さんの図に指を置きなさい。
　　　　分けた上の長方形（正方形）にあ、下の長方形にいと書きます。

発問1　あの面積を求めるために必要な辺の長さはどこですか。
　　　　印をつけなさい。

指示3　①の大きい図形を使って、長さを測ります。

指示4　測ったら②の明子さんのところに書き込みなさい。

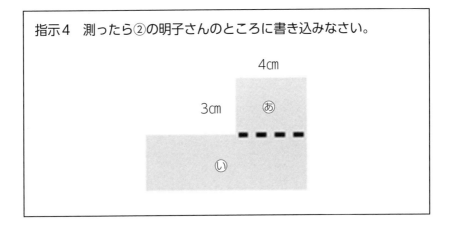

指示5　○いも同じようにやってごらんなさい。

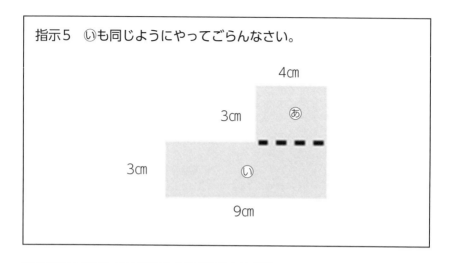

指示6　式、答えを書きなさい。
　　　　あ　3×4＝12
　　　　い　3×9＝27
　　　　　　12＋27＝39　　　　　39㎠

指示7　太郎くんも同じようにやってごらんなさい。

　明子さんを扱うことで、花子さんの例示問題をトレースした。
　太郎くんの問題を扱うことは、明子さんをトレースすることになる。
2回目のトレースであるので、先ほどよりも丁寧に行う必要はない。

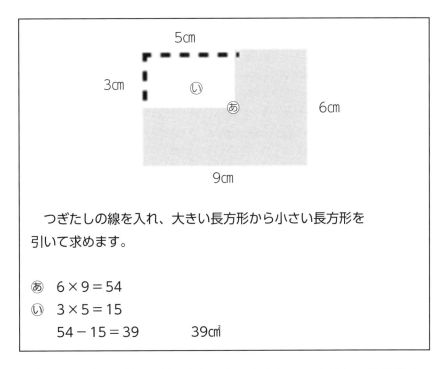

②でそれぞれの説明の仕方をしっかりとトレースするところがポイントだ。

⑦小4「立方体」

立方体の辺の長さを求める授業場面である。

1 同じ大きさの立方体を使って、
右のような直方体を作りました。

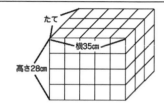

花子さんは、直方体の高さ28cmを使って、立方体の1辺の長さを次のように求めました。

式　　28÷4＝7　　　　　　　　答え　7cm

説明　直方体の高さは28cmです。
　　　立方体が4こ積んであるので、1こ分の
　　　高さは28÷4で求められます。
　　　だから、立方体の1辺の長さは7cmです。

① 花子さんと同じようにして、直方体の横の長さを使って、立方体の
　1辺の長さを求めます。
　　どのような式と答え、説明になるでしょう。

【所要時間7分】

| 指示1　①を読みます。 |

| 指示2　最初の部分「花子さんと同じようにして」を赤で囲みなさい。 |

| 指示3　花子さんの式、答え、説明の部分に指を置きなさい。
「式、数字、記号」を赤で囲みなさい。 |

| 指示4　ノートに赤で囲んだ以外の部分を写しなさい。 |

```
式                    答え

説明　直方体の高さは　　　です。
　　　立方体が　　こ積んであるので、1こ分の
　　　高さは　　　　で求められます。
　　　だから、立方体の1辺の長さは　　　です。
```

説明から扱った方がよい。

```
指示5　説明の1行目を完成させなさい。
```

```
発問1　2箇所「あれ？」というところがありますね。どこですか。
```

子どもから直すべきところを出させる。
「高さ」ではなく、「横」である。「積んである」も「ならんでいる」に直させる。

```
指示6　書き直しなさい。
```

```
指示7　残りの説明を書きなさい。

説明　直方体の横は35cmです。
　　　立方体が5こならんでいるので、1こ分の
　　　横は35÷5で求められます。
　　　だから、立方体の1辺の長さは7cmです。
```

　説明が書き終わったら、式、答えもその中に含まれているのですぐに書けるだろう。

指示8　式、答えも埋めなさい。

書き直しの部分に気づくかどうかがポイントだ。
学級によってはすぐに気づく子がいるだろう。
しかし、そうでない場合は、発問をして気づかせる。

⑧小5「小数のかけ算」
かけ算の筆算の前段階の部分である。
小数のかけ算は、整数をかける計算をもとにして考えることができるということを示している。
本問題では、そのやり方をトレースするものである。

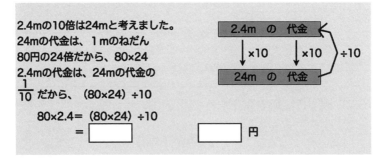

【所要時間7分】

> 指示1　問題を先生について読みます。

> 指示2　2行目を赤で囲みなさい。

> 説明1　花子さんの考え方を使うことで簡単に解くことができます。
> 「同じように」と出てきたら、赤で囲みます。

> 指示3　花子さんの考えと説明に指を置きます。
> 式を赤で囲みなさい。3箇所ありますよ。

すぐに確認する。

> 指示4　数字と記号も赤で囲みなさい。

たくさんあるので、理想をいえば、拡大コピーやプロジェクターでの例示があり、そこで確認したい。

> 指示5　ノートに今赤で囲んだ以外の部分を写しなさい。
>
> 　　　の　　　は　　　と考えました。
> 　の代金は、　　のねだん
> 　の　　　だから、
> 　　の代金は、　　　　の代金の
> 　　だから、
>
> 　　　　　　　　　　　　　　　　　　　円

V　教科書の基本構造はこうなっている

ここも、どこまで写すことができたか確認する。

指示6　1行目、問題に合わせて数字を入れてごらんなさい。

　0.6mの10倍は6mと考えました。

指示7　2、3行目、入れてごらんなさい。

　6mの代金は、1mのねだん
　500gの6倍だから、500×6

発問1　どこかおかしなところがありますね。
　　　　どこですか。お隣どうしで言い合いっこしてごらんなさい。

ここは子どもから出させたいところだ。
代金→重さ、ねだん→重さ　と変えなければならないのである。

指示8　書き直しなさい。

　6mの重さは、1mの重さ
　500gの6倍だから、500×6

指示9　残りも数字を入れたり、書き換えたりしなさい。
　　　　できたら持ってきます。

　0.6mの10倍は6mと考えました。
　6mの重さは、1mの重さ

96

> 500gの6倍だから500×6
> 0.6mの重さは、6mの重さの
> $\frac{1}{10}$だから、(500×6)÷10
> 500×0.6＝(500×6)÷10
> 　　　　＝300　　　　　　　　　　300円

　この問題の難しいところは、数値を変えるだけではなく、一度写した言葉も問題に合わせて書き直さなければならないところだ。
　学テ算数B問題にもこのタイプは出題されている。
　このタイプでしっかりと練習すれば、学テもこわくない。
　子どもたちに自信を持つように伝えたいところだ。

⑨小5「小数のかけ算」
　かけ算の筆算の前段階の部分である。
　今までの方法が前時（前ページ）に掲載されているパターンだ。
　書かれていることを探すところから始めなければならない。

> ① 40×0.6の計算のしかたを考えましょう。
> 　40×0.6＝40×□÷10
> 　　　　　＝□÷10
> 　　　　　＝□
>
> ② 13×3.9の筆算のしかたを考えましょう。
> ① まず、今までに学習した計算のしかたで答えを求めましょう。
> 　13×3.9＝13×□÷10
> 　　　　　＝□÷10
> 　　　　　＝□

【所要時間3分】

> 指示1　右ページ①を読みます。先生の後について読みなさい。

Ⅴ　教科書の基本構造はこうなっている

指示2 「今までに学習した計算のしかたで」というところを赤で
　　　囲みます。

指示3 前の時間に勉強しましたね。
　　　教科書□□ページにも載っています。
　　　探して指を置きなさい。

左ページの①を確認する。

指示4 完成させなさい。

　ここでは、式がもうすでに教科書に書かれているので、左ページを確認したら、そこからは深追いしないで一気に書かせる。

⑩小5「分数のかけ算」
　分数に整数をかける計算の説明をする授業場面である。

太郎

$\dfrac{2}{7}$ は、$\dfrac{1}{7}$ の2こ分だから、$\dfrac{2}{7} \times 2$ は、$\dfrac{1}{7}$ の（2×2）こ分になる。

答え $\dfrac{4}{7}$

$\dfrac{2}{7} \times 2 = \dfrac{2 \times 2}{7}$

$= \dfrac{4}{7}$

① $\dfrac{2}{9} \times 4$ の計算のしかたを、太郎くんのしかたで説明しましょう。

【所要時間5分】

> 指示1　問題を読みます。

> 指示2　キーワード「太郎くんのしかたで」を赤で囲みなさい。

> 指示3　太郎くんの考えを赤で囲みなさい。

> 指示4　太郎くんの考えの中で、「式、数字、記号」だけを赤で囲みます。

> 指示5　赤で囲んだところ以外をノートに写しなさい。
>
> 　　　は、　　　のこ分
> だから、　　　は、　　　の
> 　　　こ分になる。　　　　　答え

写す部分が少ない。楽に感じるかもしれないが、写す部分が少ないということは、空白を埋める部分が多くなり、負担は大きくなるということだ。

> 発問1　1行目だけやります。どんな数字が入るでしょうか。書き込んでごらんなさい。
>
> $\frac{2}{9}$は、$\frac{1}{9}$の2こ分

埋める部分が多いので、1行分から始める。

> 指示6　次の1文もやってごらんなさい。
>
> 　　だから、$\frac{2}{9} \times 4$は、$\frac{1}{9}$の
> 　　（2×4）こ分になる。

ややこしいところなので、確認しながら行わせる。

「指示あり」例示問題とはあまり関係ないが、ここまでの説明の文をお隣どうしで言わせる活動を行うと授業にメリハリがつく。

> 指示7　答えまで完成させなさい。
>
> 　　$\frac{2}{9}$は、$\frac{1}{9}$の2こ分
> 　　だから、$\frac{2}{9} \times 4$は、$\frac{1}{9}$の
> 　　（2×4）こ分になる。　　　　　　答え　$\frac{8}{9}$

分けて行うと、スムーズに進めることができる。

⑪小5「式と計算」

　規則的に置かれたものの個数を式で表す授業場面である。

> 1　チョコレートがならんでいます。
> 　　太郎くんは、チョコレートの個数
> 　　を求める式を、右の図を使って、
> 　　4×5と考えました。
>
>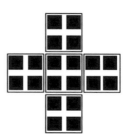
>
> ①　太郎くんの考え方を説明しましょう。
>
> 　　チョコレート4個を1組としてまとめると、5組できます。
> 　　だから、式は4×5となります。

② 花子さんは、右のような図で考え、
　5×4という式に表しました。
　①と同じように説明しましょう。

1　①を読む。
2　①をノートに写させる。
3　②を読む。

【所要時間7分】

指示1　念のため、もう一度、問題文を読みます。
　　　　3行目から、先生の後について読みます。

指示2　「①と同じように説明しましょう」を赤で囲みなさい。

指示3　①の説明に指を置きなさい。

発問1　式はどれですか。赤○で囲みなさい。

指示4　数字はどれですか。赤○で囲みなさい。

指示5　①の赤○以外を写しなさい。

> チョコレート　　個を　　組としてまとめると、　　組できます。
> だから、式は　　　となります。

> 発問2　花子さんは、チョコレートを何個ずつまとめていますか。
> 　　　　図から探しなさい。

5個と確認する。

> 発問3　5個1組が何組ありますか。
> 　　　　図から探しなさい。

4組とすぐに見つける。

> 指示6　花子さんの考え方、空いている部分に数字や式を入れなさい。

⑫ 小5「式と計算」

規則的に置かれたものの個数を式で表す授業場面である。

1　5×4－4の太郎くんの考えを説明しなければならない。
2　太郎くんの考えの説明を以下のように確定する。

　　1辺の個数5個を4倍しました。

　　重なる●が4つあるので、4個とりました。

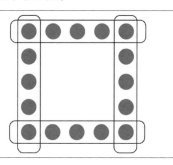

① 太郎くんは、●の数を
　　5×4－4
の式に表して求めました。
どのように考えましたか。
太郎くんの考え方を説明しましょう。
また、1辺に7個ならべたときの●の数を
求める式は、太郎くんの考え方ではどのように
なりますか。

【所要時間5分】

指示1　「また、」から後ろの問題をやります。
　　　　先生の後について読みなさい。

指示2　後ろの方、「太郎くんの考え方では」を赤で囲みなさい。

指示3　今さっき解いた太郎くんの考え。式、数字、記号を赤で囲みます。

指示4　赤で囲んだところ以外を写しなさい。

　　　　辺の個数　個を　倍しました。
　　　　重なる●が　つあるので、　個とりました。

Ⅴ　教科書の基本構造はこうなっている

先ほど、自分たちで解き、書いた式をトレースすることになる。
珍しいタイプの問題である。

> 発問1　1行目を完成させます。どんな数字が入りますか。
> 　　　　書いてごらんなさい。
>
> 　　　　1辺の個数7個を4倍しました。

> 指示5　2行目もやってごらんなさい。
>
> 　　　　重なる●が4つあるので、4個とりました。

トレースする例文と全く同じになる。

> 発問2　文章が完成しました。残りは何を書けばいいですか。

説明の文章が完成して油断してはいけない。
ここでは、式を求めなければならないのだ。

> 指示6　この説明に合う式を書きなさい。
>
> 　　　　1辺の個数7個を4倍しました。
> 　　　　重なる●が4つあるので、4個とりました。
> 　　　　　7×4−4

　説明を先に行い、そこから式を書く手順は、多くの問題と反対の流れなので、途中に発問を入れ、確認しながら進めたい。

⑬ 小5「比」

　直方体の高さが、1㎝、2㎝、3㎝、………と変わると、それにともなって体積はどのように変わるか書き込みをさせていく授業場面である。

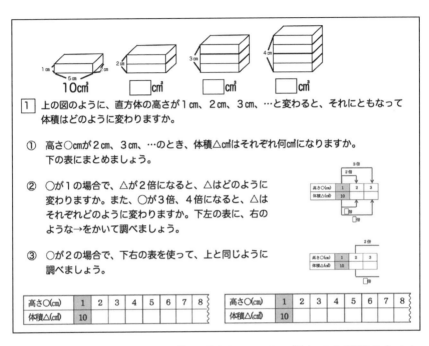

「指示あり」例示問題は、③に示されている。③までの指導の大まかな流れは以下の通りである。

　1　①を読む。
　2　①を読む。
　3　高さが2㎝のとき、体積はいくつになるか表に書き込ませる。
　4　3と同じようにして、高さが8㎝のときまで繰り返す。
　5　②を読む。
　6　書き込んだ表を使う。高さ1㎝から2㎝のところに矢印を書かせる。
　7　何倍になっているか問う。（2倍と確認する。）
　8　同じように体積が10㎤から20㎤も行う。
　9　3倍、4倍のときも同じように進める。

【所要時間5分】

> 指示1　③。先生の後について読みます。

> 指示2　念のため、「上と同じように」から読みます。

> 指示3　今読んだところを赤鉛筆と定規で囲みなさい。

ここまでは作業である。少し詰める。

> 発問1　「上と同じように」とありますが、「上」とはどこのことですか。

②と確認する。
ここからが「指示あり」例示問題指導法になる。

> 指示4　②の表に指を置きます。1から2、2倍になっています。2倍に赤で丸をつけなさい。

第Ⅲ章で紹介した時は、「式、数字、記号を赤で囲みなさい」というざっくりとした指示であったが、教科書を使い、例示問題に慣れさせていくので、スモールステップな指示で進めている。

　同じように、高さ1から3の3倍、1から4の4倍、体積10から20の2倍、10から30の3倍、10から40の4倍を赤で囲ませる。

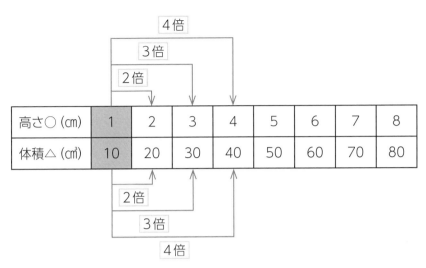

　学級の実態にもよるが、ここまで一気に進めると、落ちる子がいる。途中で持ってこさせたり、お隣との確認をさせたりを必要に応じて入れる。

指示5	右下の表に指を置きなさい。 赤で囲んでいないところを写しなさい。

発問2	○が2の場合を調べるのでしたね。○が2はどこですか。 指でおさえてごらんなさい。

発問3	矢印をかきます。どこまでかきますか。（4！） どうして4までかくのですか。お隣どうしで言い合いっこしなさい。

　2倍ということをおさえる。確認してから鉛筆でかかせる。
　以下、同様に進める。

指示6　矢印に数字を入れてごらんなさい。

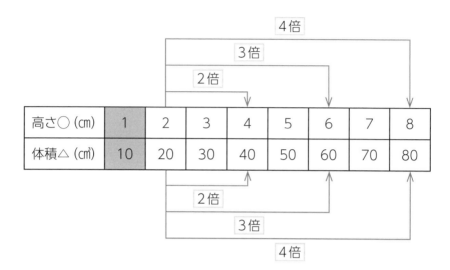

⑭小5「平均」

いわゆる「仮平均」を扱っている場面だ。

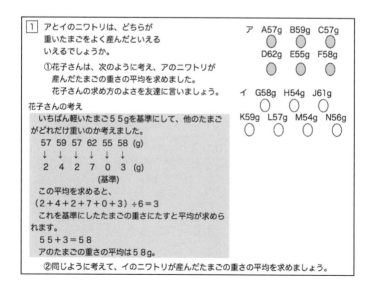

1 ①を読む。
2 ①を解く。
【所要時間7分】

指示1　②。先生の後について読みます。

指示2　問題文の最初「同じように考えて」を赤で囲みなさい。

説明1　「同じように考えて」と出た場合は、必ず赤で囲みます。
　　　　この前に問題の解き方が必ず書かれています。

発問1　誰と同じように考えるのですか。すぐ前から探しなさい。

念のために問う。説明したことが本当にそうなっているのかを確認させるのだ。

指示3　花子さんの考えの中から式を見つけて赤で囲みなさい。

2箇所あることを告げる。同様に数字、記号も囲ませる。

指示4　ノートに今囲んだ部分以外をすべて写しなさい。

　いちばん軽いたまご　　を基準にして、他のたまごがどれだけ重いのかを考えました。
　　　　　　　　　　　　　　　　　　　　　(g)
　　　↓　　↓　　↓　　↓　　↓　　↓
　　　　　　　　　　　　　　　　　　　　　(g)

V　教科書の基本構造はこうなっている

> 　　　　　　　　　(基準)
> この平均を求めると、
>
> これを、基準にしたたまごの重さにたすと平均が求められます。
>
> 　　のたまごの重さの平均は　　　　。

長い文章になるので、途中で区切って持ってこさせてもよい。

> 発問2　このままそっくりそのまま当てはめていくのですが、2つだけ変えなければならないところがあります。
> どこだと思いますか。お隣どうしで言い合いっこしてごらんなさい。

2箇所リライトしなければならない箇所がある。
基準を何にするかということと卵の個数である。
やっているうちに子どもたちは気づいていくが、最初のうちは上記のように発問して、書き直すこともあるということを教える方がよいだろう。

> 発問3　どのたまごを基準にしますか。わかったら手を挙げます。

54gと確認した後、一気に書かせる指示を出す。

> 指示5　5行分写しなさい。できたら持っていらっしゃい。

長い文章の場合、このように途中で区切ることは有効だ。
最後まで書かせ、間違えていた場合、直す気力がなくなってしまう。
途中までだと間違えがあった場合、直すのがそんなに苦ではない。

指示6　丸をもらった人は、続きもやってごらんなさい。

そして、最後まで書けた子には黒板に書かせる。
早くできた子の空白禁止と苦手な子への配慮である。

いちばん軽いたまご54gを基準にして、ほかのたまごがどれだけ重いのかを考えました。

58　54　61　59　57　54　56　(g)
↓　↓　↓　↓　↓　↓　↓
4　0　7　5　3　0　2　(g)
　(基準)

この平均を求めると、
(4＋0＋7＋5＋3＋0＋2)÷7＝3
これを、基準にしたたまごの重さにたすと平均が求められます。
54＋3＝57
⑦のたまごの重さの平均は57g。

学テ算数B問題に近い教科書問題である。書く分量が多い。ここで慣らしておくと、学テで出題されてもびっくりしないだろう。

⑮小5「図形の面積」
　三角形の面積を既習事項の長方形の面積を使って求める授業場面である。

太郎くんの考えと説明
長方形の面積を半分にして求めることができます。

$2 \times 4 \div 2 = 4$
4cm^2

Ⅴ　教科書の基本構造はこうなっている

花子さんの考えと説明
　たて1cm、横4cmの長方形に変形して求めることができます。

$2 \div 2 = 1$
$1 \times 4 = 4$

4cm²

①右の直角三角形の面積を、上の太郎くんと花子さんの考え方で求めましょう。

【所要時間7分】

説明1　2人の考え方を扱わなければなりません。
　　　　太郎くんの考えからやります。

指示1　太郎くんの考えと説明に指を置きなさい。

指示2　太郎くんの説明をそのまま写しなさい。

　長方形の面積を半分にして求めることができます。

指示3　「長方形の面積」と書いたところに線を引きなさい。

　<u>長方形の面積</u>を半分にして求めることができます。

発問1　「あれ？」と思うことはありませんか。
　　　　お隣どうしで相談してごらんなさい。

この問題では、長方形ではなく、正方形が与えられている。
ここは気づかせるために発問1を入れた。

指示4　正方形と書き直しなさい。

発問2　正方形の面積を求める式はどうなりますか。
　　　　線の下に書きなさい。

　正方形の面積を半分にして求めることができます。
　　　　↓
　　　4×4

指示5　「半分」と書いたところに線を引きなさい。

　正方形の面積を半分にして求めることができます。
　　　　↓
　　　4×4

発問3　「半分」というのを式に表します。
　　　　線の下に書きなさい。

　正方形の面積を半分にして求めることができます。
　　　　↓　　　　↓
　　　4×4　　÷2

指示6　計算して答えまで出しなさい。

指示7　花子さんの考えに進みます。
　　　　花子さんの考えと説明に指を置きなさい。

指示8　花子さんの説明を読みます。

指示9　花子さんの説明の中で、数字を赤で囲みなさい。

指示10　赤で囲んだ部分以外をノートに写しなさい。

　　たて　　、横　　の長方形に変形して求めることができます。

発問4　たて、横それぞれ何cmの長方形になりますか。
　　　　書いてごらんなさい。

　たて2cm、横4cmの長方形に変形して求めることができます。

指示11　式、答えも書いてごらんなさい。

　　4÷2＝2
　　2×4＝8　　　　　　答え8cm²

⑯小6「対称な図形」
　線対称な図形と点対称な図形のまとめの問題。

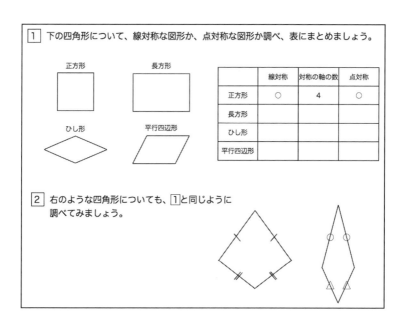

1 ①を読む。
2 ①の問題を正方形から1つずつ行う。

【所要時間10～15分】

指示1　②を読みます。

指示2　「①と同じように」を赤鉛筆で囲みなさい。

最重要語句である。丁寧に扱う。

指示3　同じように調べます。
　　　　調べた後、まとめられるように表の枠からかきます。
　　　　縦に2、横に4の表の枠がかけたら持ってきます。

表の枠だけ持ってこさせるのがポイントだ。

表の中身を書き、間違えていることがある。書き直しをするのは大変だ。しかし、枠だけならすぐにかき直しができる。

枠が完成したら、用語を書き込ませる。

発問1　左側の四角形から調べます。
　　　まず何から調べますか。（指名）

---

①で行っていることなので、子どもに聞く。

指示4　そう。線対称かどうかですね。
　　　調べて書き込みなさい。

対称の軸の数、点対称についても同様に行う。

「やってごらんなさい」とすべてを子どもに丸投げをすることも可能だが、練習問題の１問目でもあるので、確認も含め、１回１回問う。そうすることで、①と同じように行えばよいということが自然とわかる。

指示5　次に右側の縦に細長い長方形について調べます。
　　　３つについて調べ、書き込みなさい。
　　　書けたら持ってきます。

練習問題の２問目である。ここは子どもたちに丸投げしてよいところだ。

板書させ、答えを確定する。

線対称は対称の軸をかけば、線対称かどうかすぐにわかる。しかし、点対称は180度回転したところがイメージできない子も多い。黒板で大きめの図形などを用意し、実際に回転させるところを見せるとよいだろう。

⑰小6「文字と式」

文字と式に表されている場面を選び、自分でも場面を考える問題。

> 1 次の式に表される場面について考えましょう。
>   下の①〜④の式の場面を作ったのはだれですか。
>
>   ①40＋x＝y　　②40－x＝y　　③40×x＝y　　④40÷x＝y
>
> 太郎
> 40円のガムとx円のお茶を買います。
> 代金はy円です。
>
> 花子
> 画用紙が40枚あります。
> x枚使うと、残りはy枚です。
>
> 二郎
> 底辺が40cmで、高さがxcmの
> 平行四辺形があります。
> この平行四辺形の面積はycm²です。
>
> 明子
> 面積が40cm²の長方形があります。
> 縦の長さがxcmのとき、
> 横の長さはycmです。
>
> 三郎
> 40円のチョコレートをx個買うと、
> 代金はy円になります。
>
> 2 上の①〜④の式の40を他の数に変えて、いろいろな場面をつくりましょう。

1 1を読む。
2 太郎、花子、二郎、明子、三郎の場面を式に直させる。
3 ①〜④の式が誰のものと合致するか選択させる。

【所要時間10分】

指示1　2の、「上の①〜④の式の40を他の数に変えて」を赤鉛筆で囲みます。

指示2　1のどの式を選ぶか決めなさい。

①〜④のどれを選んだかを挙手させる。挙手させることで選ばざるを得ない状況をつくり出すことができる。

Ⅴ　教科書の基本構造はこうなっている

> 指示3　選んだ式が誰の場面だったかを探しなさい。

ここでは①40＋x＝yを選んだと設定し、先を進める。

> 指示4　選んだ式の場面の式、数字、記号を赤鉛筆で囲みなさい。
>
> 太郎
> ４０円のガムとx円のお茶を買います。
> 代金はy円です。

> 指示5　赤鉛筆で囲んだ部分以外を写しなさい。

　　　円のガムと　　円のお茶を買います。
　代金は　　円です。

> 発問1　変えるのは何でしたか。

> 指示6　40です。40だけ違う数字に書き換え、問題文を完成させなさい。

最後にこの問題文に合わせ、式も書かせる。
　100円のガムとx円のお茶を買います。
　代金はy円です。
　　100＋x＝y
さらに、ほかの3つの例示を変える問題を解かせる展開も可能である。

⑱ 小6「円の面積」
　円の面積の応用問題。

① 下の図のように、大きなまんじゅうAと小さいまんじゅうBが、
それぞれぴったり箱に入っています。
箱の大きさは、どちらも３０cmです。
Aのまんじゅう１個分と、Bのまんじゅう４個分では、どちらの
面積の方が大きいでしょうか。

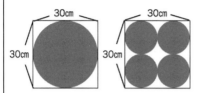

花子さんは次のように考えました。
Aのまんじゅうの面積を求める式は、
　１５×１５×３．１４
Bのまんじゅうの面積を求める式は、
　７．５×７．５×３．１４
Bのまんじゅうは４個あるので、
　７．５×７．５×３．１４×４
それぞれ計算すると
　A　706.5㎠　　B　706.5㎠
だからどちらの面積も等しい。

（１）右の図のように、１辺が３０cmの箱に、
Cのまんじゅうが９個入っています。
Cのまんじゅう９個分の面積とAのまん
じゅう１個ぶんの面積の比べ方を、
花子さんと同じように説明しましょう。

1　①を読む。
2　花子さんの考えを読む。

【所要時間１０分】

指示１　(1)の最後の行。
　　　　「花子さんと同じように」を赤鉛筆で囲みなさい。

指示２　花子さんの考えはどこですか。指でおさえなさい。

指示３　花子さんの考えの式、数字、記号を赤鉛筆で囲みなさい。

指示４　赤で囲んだ部分以外を写しなさい。

Ⅴ　教科書の基本構造はこうなっている

学級の実態に応じて、例示のための板書やプロジェクターでの提示もする。

> 　　のまんじゅうの面積を求める式は、
>
> 　　のまんじゅうの面積を求める式は、
>
> 　　のまんじゅうは　個あるので、
>
> それぞれ計算すると
>
> だからどちらの面積も等しい。

指示5　2行目までは変わりませんね。写しなさい。

指示6　4行目までできたら持ってきなさい。

早くできた子は5、6行目もさせる。
さらに5、6行目までできたら持ってこさせ、残りもすべて書かせる。
すべてできた子はさらに持ってこさせ、板書をさせる。
　　Aのまんじゅうの面積を求める式は、
　　　15×15×3.14
　　Cのまんじゅうの面積を求める式は、
　　　5×5×3.14
　　Cのまんじゅうは9個あるので、
　　　5×5×3.14×9
　　それぞれ計算すると
　　　A　706.5㎠　　B　706.5㎠
　　だからどちらの面積も等しい。

あとがき

本書の原稿を書き終えた後、以下のようなニュースが報道された。

文科省　学テ基礎・応用を一体化　来年度から出題形式変更（平成30年8月22日　毎日新聞）

このような報道が出された時に、ニュースの出所となる一次資料に当たることが肝要と思い、すぐに調べた。

全国的な学力調査に関する専門家会議(第7回)(平成30年8月22日)

会議の中の1つの議題「知識・活用を一体的に問う調査問題の在り方について」の配布資料が一次資料である。(資料はこちらからhttp://www.mext.go.jp/b_menu/shingi/chousa/shotou/130/shiryo/1408240.htm)

上記の資料を読み、大きく変化する点は3点である。

1　今までのA問題（主として知識に関する問題）とB問題（主として活用に関する問題）という区分を見直し、知識・活用を一体化したものとなる。
2　算数について、1単位時間で、知識と活用とを一体化した問題となる。1単位時間は45分。
3　従来のA問題は、全くなくなるのではなく、大問の中の小問の1つとして出題するなどの工夫をする。

乱暴な言い方をすると、

45分の中で、今までのA問題もB問題も行う

ということだ。

　このように書くと、何か大変なことになってしまいそうな気がする。イメージが持てないからだ。

　だから、配布資料の中には、次年度以降のための**「サンプル問題」**も一緒に掲載している。この**「サンプル問題」**を紐解くことで、次年度以降の対応のヒントが得られる。（サンプル問題はこちらからダウンロードできるhttp://www.mext.go.jp/b_menu/shingi/chousa/shotou/130/shiryo/__icsFiles/afieldfile/2018/08/22/1408240_3.pdf）

　ここからは「調査問題の在り方の見直しの方向」と「サンプル問題」から次年度以降の対応を提案する（算数のサンプル問題は、平成27年度調査問題B②を基に作成されている）。

(1)　**知識問題（サンプル問題(1)）について**
　知識問題に限ったことではないが、問題は、身近な日常生活の場面から出されることが多いと予想される。

　サンプル問題の解説にも書かれている。また、新学習指導要領において示されている「算数・数学の学習過程のイメージ」（「小学校学習指導要領（平成29年告示）解説算数編P8」に「日常生活や社会の事象」と明記されている。新学習指導要領の理念・目標・内容等に基づくものが問題作成の基本的な考え方であるので、「日常生活」とリンクしたものが出題されると考えられる。

　2つ目は、知識問題は大問の中の小問の1つとして出題されるだろうということである。専門家会議の配布資料に書かれている。

　「調査問題の大問の中の小問の1つとして出題」

　「基礎的な知識・技能は、新しい学習指導要領においても育成すべき資質・能力として重要」

　調査問題の中でどのくらい出題されるかはわからないが、大問の中に1問くらいは出題されると考えてよいだろう。

では、これらの対応はどうしたらよいのだろうか。

| 教科書の問題をすべて扱う指導をする |

これに尽きる。

教科書の問題をすべて扱えば、十分に身につけさせることは可能だ。

しかし、教科書の問題をすべて扱い、市販テストで9割以上の点数を取ることが可能な指導がある。

| 向山型算数指導法 |

である。

向山型算数指導法について、ここで細かく記載することは紙面の関係上できない。向山型算数指導法については、学芸みらい社から出されている

| 「算数」授業の新法則（全6巻）（http://www.gakugeimirai.jp/） |

の一読を勧めたい。

また、

| TOSSランド（http://www.tos-land.net/） |

には、向山型算数指導法で行う1時間単位から単元すべての授業案まで揃っている。こちらも参照いただきたい。

| 【知識問題のポイント】
① 「日常生活」の場面からの出題
② 大問の中の1問として出題される。 |

> ③教科書の問題をすべて扱う指導をする。

(2) 活用問題（サンプル問題(2)）について

　H27年度は、選択肢になっており、その選択肢に数値を「代入」して解く問題であった。本書で紹介した「代入問題」である。

　サンプルでは、2つの変更が加えられた。

①選択式問題　→　試行錯誤しながら最適解を見つけ出す問題
②挿絵＋選択式　→　児童同士の会話の場面＋思考場面

　この変更点も新学習指導要領を意識してのものである。①は「粘り強く学習に取り組む態度」すなわち「学びに向かう力・人間性等」を見ていると言える。②は「主体的・対話的で深い学び」を意識している。新学習指導要領を意識した教師の授業改善、児童の学習改善が必要というメッセージだ。

　さて、この(2)は本書で提案した「例示問題」指導法で解ける。児童同士の会話を「例示」として、同じ解き方で行えばよいのだ。【○○の考え】をもとにという表記がないので「指示なし」例示問題だ。そこに気づかせるための方策が今後必要だ。

(3) 活用問題（サンプル(3)）について

　H27年度との違いは、新学習指導要領に示されている「焦点化された問題」を意識し、問題文が少し変わったということである。（詳しくはサンプル問題の解説を一読願いたい）しかし、サンプル問題もH27年度版も同じ「例示問題」として解くことが可能だ。指示はない。「指示なし」例示問題である。

(4) 活用問題（サンプル(4)）について

　H27年度版では、割合の知識を使う「知識問題」であったが、サンプル問題では、図から選ぶ「読み取り問題」と変わった。

「読み取り問題」の指導法に関しては、本書では示すことができなかった。現在、「読み取り問題」に関しては研究中である。今後どこかで公開したい。現段階での途中経過として、H30年8月に行われた向山型算数セミナーで提案したレポートを以下に添付する。

ここまで活用問題を分析して気づくことが２点ある。

　１つは、新学習指導要領を読み込む必要性があるということだ。出題の変更はすべて新学習指導要領対応となっている。「知識・理解」「思考力・判断力・表現力等」「学びに向かう力・人間性等」の３つの柱となる資質・能力、「主体的・対話的で深い学び」、「焦点化された問題」「日常生活や社会の事象」といったことが盛り込まれている「数学的活動のプロセス」などである。

　そしてもう１点が、本書で示した活用型の「４つの問題」は今後も活用できるだろうということだ。

　「知識問題」は、今後大問のうち小問の１問として出題されるだろう。

　「代入問題」は、サンプル問題では消えていった。消えゆく可能性有。

　「読み取り問題」は、今後も出題される。サンプル(4)でも示された。（今までの問題数の多さからも今後必ず出題されるだろう）

　そして、「例示問題」。これも生き残っていくだろう。サンプルでは(2)(3)ともに「指示なし例示問題」であった。

【活用問題のポイント】
①新学習指導要領を読み込む
②「例示問題」「読み取り問題」の指導法を行う。

　新しい調査問題に対応できるよう、今後も更に「活用」問題の研究を進めていくことをここに誓い、筆を置く。

　本書は、向山洋一氏が「向山型算数」を提唱して下さったおかげで世に出ることができました。また、出版にあたっては、学芸みらい社の樋口雅子様に多大なご助言、多くの励ましのお言葉をいただきました。この場をお借りしてお礼を申し上げます。本当にありがとうございました。

平成30年8月31日　　　　　　　　　　　　　　　　　　赤塚　邦彦

［著者紹介］

赤塚邦彦（あかつか　くにひこ）

北海道千歳市立北進小学校教諭。
1979年生まれ。北海道札幌市出身。
北海道教育大学岩見沢校教員養成課程卒業。
苫小牧市立明徳小学校教諭、厚真町立厚真中央小学校教諭、洞爺湖町立とうや小学校教諭を歴任。
著書　『算数のつまずきには法則がある　クラス全員クリアできる、驚異のスモールステップ指導法』『通常学級でできる！　特別なニーズをもつ子どものための算数授業サポート』（以上、明治図書）
編著　『向山型スキル・算数の授業パーツ100選』『小学3年　学級で起こる"こんな困った→どう対応"プロの知恵事典』（以上、明治図書）

"学テ算数＝難関問題"の解き方指導
教科書リンクで学力UPヒント

2018年11月1日　初版発行

著　者　　　赤塚邦彦
発行者　　　小島直人
発行所　　　株式会社 学芸みらい社
　　　　　　〒162-0833 東京都新宿区箪笥町31 箪笥町SKビル
　　　　　　電話番号 03-5227-1266
　　　　　　http://www.gakugeimirai.jp/
　　　　　　e-mail : info@gakugeimirai.jp
印刷所・製本所　　藤原印刷株式会社
企画　　　　　　　樋口雅子
校正　　　　　　　大場優子
装丁デザイン　　　小沼孝至

落丁・乱丁本は弊社宛にお送りください。送料弊社負担でお取り替えいたします。

©Kunihiko Akatuka 2018 Printed in Japan
ISBN978-4-908637-89-6 C3037

学芸みらい社の好評既刊

日本全国の書店や、アマゾン他のネット書店で注文・購入できます!

若手なのにプロ教師! 新指導要領をプラスオン
新・授業づくり&学級経営
365日サポートBOOK

学年別 全6巻

監修：谷和樹
(玉川大学教職大学院教授)

「子どもに尊敬される教師になろう!」

いかなる時代の教育にも必須のスキルに加え、新指導要領が示す新しい提案をプラスオンする本シリーズで、教室の365日が輝く学習の場になり、子どもの姿が頼もしく眩しい存在となるだろう。
—— 向山洋一氏(日本教育技術学会会長／TOSS代表)、推薦！

巻頭マンガをはじめカラーページも充実！

―― 谷和樹氏「刊行の言葉」より ――

新採の先生が1年もたずに退職。ベテランでさえ安定したクラスを1年間継続するのが難しい時代。
指導力上達の道筋を「具体的なコツ」で辞典風に編集！
プロとしての資質・能力が身につく「教師のための教科書」。

【本書の内容】「グラビア①：まんがで読む！各学年担任のスクールライフ」「グラビア②：各学年のバイタルデータ＝身体・心・行動」「グラビア③：教室レイアウト・環境づくり」「グラビア④：1年間の生活習慣・学習習慣づくりの見通し」「1章：新指導要領の発想でつくる学期別年間計画」「2章：学級経営＝学期&月別プラン・ドゥ・シー」「3章：若い教師＝得意分野で貢献する」「4章：実力年代教師＝得意分野で貢献する」「5章：新指導要領が明確にした発達障害児への対応」「6章：1年間の特別活動・学級レクリエーション」「7章：保護者会・配布資料　実物資料付き」「8章：対話でつくる教科別・月別・学期別　学習指導ポイント」「9章：参観授業&特別支援の校内研修に使えるFAX教材・資料」「10章：通知表・要録に悩まないヒントと文例集」「11章：SOS！いじめ、不登校、保護者の苦情」「附章：プログラミング思考を鍛える＝「あの授業」をフローチャート化する」

パッと見れば、どのページもすぐ使える。
365日の授業、完全ナビ！

B5判並製
各巻208～240ページ
定価：本体2800円+税